DROIT FRANÇAIS
DE LA SOCIÉTÉ ANONYME

DROIT ROMAIN
DE LA SOCIÉTÉ

THÈSE

Présentée à la Faculté de Droit de Poitiers
pour obtenir le grade de docteur
et soutenue le samedi 26 février 1881, à 3 heures du soir
dans la salle des actes publics de la Faculté

PAR

HENRY VERGÉ

AVOCAT A LA COUR D'APPEL DE PARIS

ORLÉANS
IMPRIMERIE ERNEST COLAS
VIS-A-VIS DU MUSÉE

1881

THÈSE

POUR LE DOCTORAT

DROIT FRANÇAIS

DE LA SOCIÉTÉ ANONYME

DROIT ROMAIN

DE LA SOCIÉTÉ 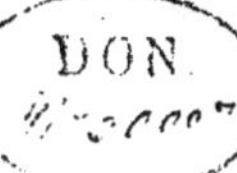

THÈSE

Présentée à la Faculté de Droit de Poitiers
pour obtenir le grade de docteur
et soutenue le samedi 26 février 1881, à 3 heures du soir
dans la salle des actes publics de la Faculté

PAR

HENRY VERGÉ

AVOCAT A LA COUR D'APPEL DE PARIS

ORLÉANS
IMPRIMERIE ERNEST COLAS
VIS-A-VIS DU MUSÉE

1881

FACULTÉ DE DROIT DE POITIERS.

MM.

DUCROCQ (✳ I ❀), doyen, professeur de Droit administratif et d'économie politique.

ARNAULT DE LA MÉNARDIÈRE, (I ❀), professeur de Code civil.

LE COURTOIS, (A ❀), professeur de Code civil.

THÉZARD, (A ❀), professeur de Code civil.

NORMAND, (A ❀), professeur de Droit criminel.

PARENTEAU-DUBEUGNON, professeur de Procédure civile.

ARTHUYS, professeur de Droit commercial.

BONNET, agrégé, chargé du cours de Droit romain.

PETIT, agrégé, chargé du cours de Droit romain.

BARRILLEAU, agrégé, chargé du cours d'Histoire de Droit, en congé à l'Ecole française d'Athènes.

ARTUR, agrégé, chargé de cours, suppléant.

M. PERVINQUIÈRE (MARTIAL), (✳ I ❀), professeur et doyen honoraire.

M. COULON, (A ❀), secrétaire, agent comptable.

COMMISSION :

Président : M. ARTHUYS, professeur.

M. DUCROCQ, doyen,
M. LE COURTOIS, } professeurs.

M. BONNET,
M. ARTUR, } agrégés.

INTRODUCTION

La forme anonyme appliquée aux sociétés commerciales est très-ancienne, nous en trouvons des exemples en 1622, où nous voyons les Anglais y recourir pour la fondation de la Compagnie des Indes Orientales. A l'imitation des Anglais et des Hollandais aussi, les Français fondèrent, sous la forme anonyme, en 1626, *la Compagnie des Iles d'Amérique;* en 1627, *la Société de la Nacelle Saint-Pierre fleurdelysée ;* en 1628, *celle de la Nouvelle France, celle du Morbihan et Compagnie Générale du Commerce tant par terre que par mer, ponant, levant et voyages de 'ong cours;* en 1664, *la Société fran-*

çaise *des Indes Orientales*. Ils donnèrent à toutes ces Sociétés les caractères de nos sociétés anonymes.

« Toutes en effet, dit M. Lescœur (*Traité des Sociétés commerciales*), nous offrent ce premier trait que le capital y est fixé à une certaine somme au delà de laquelle la Compagnie n'entend pas être obligée. Ainsi pour la Compagnie des Iles d'Amérique, il est dit que pour l'exécution des projets de la Compagnie, il sera fait fonds d'une somme de 45,000 livres, sans qu'elle puisse être tenue ni engagée d'y mettre plus grand fonds et capital. »

Il faut observer que les *Compagnies par actions*, comme on appelait les premières sociétés anonymes, n'étaient pas reconnues par la législation générale ; elles puisaient, dans l'édit royal qui les autorisait, les règles particulières à leur constitution et à leur fonctionnement.

Ce sont les rédacteurs du code qui, en 1807, posèrent les règles fondamentales auxquelles furent soumises les sociétés anonymes.

Aujourd'hui, ces sociétés anonymes sont régies par les art. 29, 30, 32, 33, 34 et 36 du Code de Commerce et par la loi du 24 juillet 1867.

Nous croyons bon, tout d'abord, de signaler les

caractères principaux de la société anonyme; elle se distingue des autres sociétés par les quatre faits suivants : .

1° Tous les associés ne sont responsables que jusqu'à concurrence de leur apport;

2° Elle est administrée par des mandataires qui ne s'engagent pas eux-mêmes ;

3° La société anonyme n'a pas de raison sociale, elle est désignée seulement par l'objet de l'entreprise auquel elle s'applique;

4° Le capital de la société anonyme est divisé en actions.

Avant d'aborder l'étude des règles qui régissent *la constitution, l'administration et le fonctionnement, la dissolution, la liquidation et le partage* des sociétés anonymes, il nous semble utile et intéressant de savoir si ces Sociétés sont nécessairement commerciales ou bien si elles ne le sont que lorsqu'elles ont le commerce pour objet? Le Code de Commerce seul, il est vrai, s'est occupé de cette forme de société, par suite elles se trouvent rangées parmi les sociétés commerciales. Mais la forme anonyme, comme le fait remarquer M. Bedarride, peut se prêter à des entreprises qui n'ont rien de commercial, par exemple : les Compagnies de desséchement de marais, la société Immobilière, etc., etc.

M. Delangle adopte l'opinion contraire, il dit avec justesse que la loi civile ne reconnaît pas d'association de capitaux sans obligation personnelle ; alors comment une société anonyme pourrait-elle être une société civile ? Ensuite l'art. 19 du Code de commerce en plaçant la société anonyme parmi les sociétés commerciales ne la distingue pas des sociétés en nom collectif et en commandite. Donc elles sont toutes les trois essentiellement commerciales sans considérer la branche d'industrie qu'elles ont pour but d'exploiter. C'est à cette dernière opinion que nous nous rangeons.

DES SOCIÉTÉS ANONYMES

PREMIÈRE PARTIE

CONSTITUTION

Les sociétés anonymes, avant la loi du 24 juillet 1867, avaient besoin de l'autorisation du Gouvernement pour se former, c'était là une exception à la liberté commerciale; l'art. 37 du Code de Commerce qui exigeait cette autorisation rencontra, il est vrai, quelque opposition au Conseil d'Etat, mais sur la proposition de Cambacérès, on passa outre.

Cette autorisation était donnée sur l'avis du conseil d'Etat, en forme de règlement d'administration publique; les formalités préliminaires auxquelles étaient soumises les demandes d'autorisation avaient été réglées par des arrêtés ministériels à la date du 16 janvier 1808 et du 22 octobre 1817.

Le Gouvernement n'était pas obligé de soumettre au

Conseil d'Etat toutes les demandes d'autorisation qui lui étaient adressées, il n'était pas forcé non plus de suivre l'avis qui avait été donné par le Conseil d'Etat. Dans l'autorisation qu'il accordait, le Gouvernement imposait les conditions qu'il jugeait nécessaires à la protection des intérêts des tiers et des actionnaires, il pouvait donc modifier les statuts auxquels avaient consenti les premiers souscripteurs. En dehors des conditions exigées dans la rédaction des statuts, le Gouvernement avait encore un moyen de surveiller pendant son fonctionnement la société autorisée, il nommait un commissaire qui suivait les opérations sociales.

Les mesures que nous venons de signaler avaient une sanction qui consistait, en cas d'inexécution, ou de violation des statuts, dans le retrait de l'autorisation.

C'était dans le *Bulletin des lois* que paraissait le décret d'autorisation ; mais il ne faut pas croire que cette autorisation gouvernementale et cette publication dans le *Bulletin des lois* rendissent les statuts matière administrative ; en effet, les tribunaux judiciaires étaient seuls compétents pour apprécier les différends qui pouvaient s'élever entre la société et les tiers.

Les tribunaux judiciaires restaient encore compétents pour prononcer des condamnations contre les administrateurs, et libérer les actionnaires de leurs obligations.

Non seulement la société devait être autorisée, mais elle devait en outre être constatée par un acte public; les statuts aussi devaient être rédigés par un acte public.

Si l'autorisation était refusée, les associés étaient libres les uns envers les autres ; cependant il existait, avant l'autorisation, un lien entre les associés, il y avait une société de fait, qui ne pouvait s'intituler ni société anonyme, ni en nom collectif, ni en commandite, ni en participation.

Le gouvernement n'était astreint à aucun délai pour accorder son autorisation.

La loi du 23 mai 1863, modifia les conditions de constitution exigées pour les sociétés anonymes ; elle créa les sociétés à responsabilité limitée, qui purent s'établir sans l'autorisation gouvernementale lorsque leur capital ne dépassait pas 20 millions. Nous aurons occasion de rappeler cette loi lorsque nous étudierons les innovations qu'elle a apportées à la vie des associations de capitaux et les emprunts que la loi de 1867 lui a faits.

CHAPITRE Ier.

SUPPRESSION DE L'AUTORISATION DU GOUVERNEMENT POUR LA CRÉATION DES SOCIÉTÉS ANONYMES.

Le premier paragraphe de l'art. 21 de la loi de 1867, qui accorde aux sociétés anonymes la liberté de se fonder sans l'autorisation du Gouvernement, consacre une des plus importantes innovations de cette loi.

L'exposé des motifs indique les raisons qui ont amené le législateur à abroger l'art. 37 du Code de Commerce.

« Longtemps on a cru, dit l'exposé des motifs,
« que les sociétés anonymes conciliaient tous les
« droits et tous les intérêts, que l'autorisation et la
« surveillance du Gouvernement donnaient aux capi-
« taux une entière sécurité et offraient aux tiers les
« meilleures garanties qu'ils pussent avoir.

« Tout récemment un changement notable s'est
« opéré dans les esprits. On n'a point changé d'avis
« sur l'avantage d'une combinaison au moyen de la-
« quelle chaque associé est appelé à recueillir une
« part proportionnelle des bénéfices, sans s'engager

« au-delà de sa mise, avec la faculté d'administrer
« les affaires sociales, soit par lui-même, soit par
« des mandataires. Mais l'intervention de l'autorité
« publique n'a plus été envisagée de la même ma-
« nière. On a paru moins touché des garanties qu'elle
« offrait que des difficultés et des lenteurs qu'elle
« pouvait faire naître.

« N'était-ce qu'un des caprices de l'opinion aux-
« quels la fermeté du législateur doit résister, ou bien
« des raisons sérieuses avaient-elles produit cette
« grave et brusque modification ?

« Le Gouvernement a été convaincu que les pro-
« grès des idées et le développement des faits écono-
« miques avaient amené le résultat qu'il avait sous
« les yeux ; il a pensé que moyennant quelques sages
« précautions, il n'y avait ni inconvénient, ni péril,
« à permettre aux sociétés anonymes de se former
« sans autorisation et de s'administrer sans surveil-
« lance administrative. »

« En conséquence, il a présenté, en 1862, la
« loi sur les sociétés à responsabilité limitée qui a
« été votée dans la session de 1863.

« On peut dire, aujourd'hui, que l'épreuve est
« faite. Les commerçants, les industriels et les finan-
« ciers après avoir montré quelque hésitation à en-
« trer dans la voie qui leur était ouverte, s'y sont
« engagés résolûment. A partir du milieu de l'année

« 1864, les sociétés à responsabilité limitée se sont
« formées en assez grand nombre et avec des capi-
« taux importants. On en compte cinquante dont le
« capital est de 80 millions à peu près. »

« Sans doute on serait arrivé à des chiffres plus
« élevés si l'art. 3 de la loi du 23 mai 1863, n'avait
« pas fixé à 20 millions de francs le maximum du
« capital de chaque société. Plusieurs associations
« ont dû prendre la forme anonyme parce que leur
« capital, supérieur à 20 millions, était un obstacle
« invincible à l'adoption de la responsabilité li-
« mitée. »

« En Angleterre, ce régime, inauguré il y a dix
« ans seulement, a pris un immense développement.
« Trois mille quatre cent soixante-quatorze sociétés
« ont été fondées et des renseignements auxquels
« on peut avoir confiance portent à 5 milliards de
« francs leurs capitaux réunis.

« Il ne faut pas croire qu'en France le succès aille
« aussi vite et aussi loin, il ne faut même pas le dé-
« sirer. Mieux vaut une marche plus lente et plus
« sûre. Mais on peut, on doit espérer que le mou-
« vement qui s'est déjà prononcé ne s'arrêtera
« point.

« Dans cette situation, le Gouvernement tout en
« rendant justice aux anciennes sociétés anonymes,
« en reconnaissant le bien qu'elles ont produit pen-

« dant plus d'un demi siècle, vous propose de les
« transformer ou, pour parler plus exactement, de les
« maintenir dégagées de la formalité de l'autorisation
« et affranchies de toute surveillance administra-
« tive. »

CHAPITRE II.

ÉMISSION DES ACTIONS ET SOUSCRIPTION DU CAPITAL.

D'après l'article 1er de la loi de 1867, les sociétés en commandite et les sociétés anonymes ne peuvent diviser leur capital en actions ou coupons d'action de moins de 100 francs, lorsque le capital n'excède pas 200,000 francs, et de moins de 500 francs, lorsqu'il est supérieur. Cette disposition a été empruntée à la loi du 17 juillet 1856, et elle avait été reproduite dans la loi de 1863. La discussion de la loi de 1867 prouve qu'elle a été très-vivement attaquée comme portant atteinte à la liberté des conventions.

Il est facile de répondre à ces critiques : si la loi de 1867 a adopté le taux de 100 ou 500 francs selon l'importance du capital, c'était pour mettre un terme aux abus qui se pratiquaient auparavant. Il y avait des actions de sociétés de 25, de 15, de 10 et de 5 fr. C'étaient de véritables billets de loterie, qui étaient pris surtout par une certaine classe d'individus peu instruits et facile à se laisser entraîner. « Elles « étaient faites, dit l'exposé des motifs de la loi du

« 17 juillet 1856, pour s'introduire dans les plus
« petites bourses, celles précisément pour les-
« quelles les pertes sont les plus cruelles, elles
« étaient préparées pour s'emparer des modestes
« économies qui, au lieu de se hasarder dans les pé-
« rils de la spéculation, doivent aller s'accumuler
« dans les Caisses d'épargne. » Il n'est nullement
prouvé que la division des actions en coupures de
moindre valeur fût une chose utile au développement
des Sociétés anonymes; au contraire, il est reconnu
que les petites coupures servent surtout à alimenter
la spéculation.

Mais *quid*, dans le cas où les apports faits par des
associés n'ayant pas été évalués en argent, chaque
associé a reçu, pour son apport, un nombre déterminé d'actions? Nous suivons dans ce cas l'opinion
de MM. Beslay et Lauras (sur l'art. 1er de la loi de
1867), qui veulent que l'évaluation des apports soit
faite par les Tribunaux. Si la valeur des objets appor-
tés et la somme des apports en numéraire dépassent
200,000 francs, les actions ne pourront être émises
qu'au taux de 500 francs, dans le cas contraire l'é-
mission pourra avoir lieu au taux de 100 francs.

Le minimum du taux d'émission s'applique-t-il
aux actions de jouissance? Nous ne le pensons pas,
car en se reportant au texte de l'article 1er, on voit
que la loi se préoccupe de la division du *capital* :

« Les Sociétés, dit-elle, ne pourront diviser leur capital en actions ou coupons d'actions de moins de 100 ou de 500 francs. » Or l'action de jouissance n'est pas une division du capital, c'est une action *sui generis* qui donne droit de participer à la distribution des dividendes, mais qui ne peut prétendre au capital de la société.

On a suivi à l'étranger un système plus libéral. La loi, en effet, du 11 juin 1870 sur les sociétés, en Allemagne, a admis deux taux d'émission des actions. L'un de 100 thalers, pour l'action au porteur ; l'autre de 50 thalers, pour l'action nominative La loi belge, du 18 mai 1873, n'a rien réglé à cet égard. « Les actions peuvent être divisées, dit-elle, en « coupures qui, réunies en nombre suffisant, confè- « rent les mêmes droits que l'action. Les actions et « les coupons doivent porter un numéro d'ordre. « (Art. 35 et 76.) » La loi belge laisse donc le taux d'émission absolument libre.

D'après le paragraphe 2 de l'article 1er de la loi de 1867, la société anonyme n'est définitivement constituée qu'après la souscription intégrale du capital social. La stipulation dans un acte de société qu'une portion seulement du capital social serait émise avec faculté pour le Conseil d'Administration ou pour l'Assemblée des actionnaires de faire l'émission d'une nouvelle série d'actions est nulle ; toutes les actions, en effet, doivent être émises et souscrites avant que la société puisse commencer ses opérations.

La seconde condition édictée dans le paragraphe 2 de l'article 1er, est le versement du quart de chaque action souscrite. La souscription et le versement du quart n'ont pas besoin d'avoir lieu simultanément. Si la société, en effet, ne devait pas aboutir, on éviterait ainsi la perte d'intérêt d'un versement immédiat et l'obligation de rembourser.

Quant aux actions données comme prix d'un *apport en nature*, elles ne sont pas soumises au versement du quart en numéraire ; la seule obligation des souscripteurs, c'est d'attendre que l'Assemblée des actionnaires représentant le capital numéraire ait vérifié la valeur de leurs apports.

Le versement du quart doit être effectué en numéraire ou tout au moins en valeurs d'une réalisation *immédiate et certaine*, tels que des billets de la Banque de France et des bons du Trésor payables à vue (Paris, 28 mai 1869).

Ainsi le paiement du quart ne résulterait pas du versement de valeurs de portefeuille, d'un recouvrement plus ou moins certain, ou de titres ne pouvant être assimilés à de l'argent comptant, tels que des factures et mémoires acquittés de travaux exécutés et fournitures faites pour le compte de la so-

ciété ou de quittances de. primes de fondation (Paris,
le 27 janvier 1873).

Lorsqu'une augmentation du capital social a été
prévue dans les statuts, doit-on, dans ce cas, exiger
l'application des règles posées dans le 2e paragraphe
de l'article 1er, c'est-à-dire, la souscription totale du
capital et le versement du quart? Nous pensons que
si cette éventualité a été prévue dans les statuts, on
ne doit pas considérer cette augmentation de capital
comme la création d'une société nouvelle, mais
comme le développement de l'ancienne société.

La loi ne parle que du capital de fondation de la
société. Dans la discussion de la loi de 1867, il
n'est question que des fondateurs qui font appel aux
capitaux par la voie de prospectus, que des conditions dans lesquelles la société « va entrer dans le
monde des affaires. »

La loi a voulu imposer ces conditions de souscription et de versement, seulement pour la création.

Au début c'est l'inconnu, mais lorsque la société aura fonctionné, on connaîtra sa situation et,
suivant qu'elle sera bonne ou mauvaise, ses actions
trouveront des souscripteurs ou seront délaissées.
Cette augmentation du capital ne sera presque toujours que le résultat de la prospérité de la société et
du développement de ses affaires.

La Cour de cassation (5 novembre 1879), jugeait, il

est vrai, dans le sens contraire et plusieurs auteurs
pensent que si on interprêtait ainsi la loi, il n'y aurait
plus d'obstacle à la fraude, car beaucoup de sociétés
se fonderaient avec un capital insignifiant et augmen-
teraient leur capital par la création de nouvelles actions. Il me semble que l'on peut répondre facilement
à cette objection : s'il y avait fraude, on appliquerait
les règles du droit commun, en matière de fraude ; ce
serait un point que les tribunaux devraient apprécier selon les circonstances. De plus, selon M. P.
Pont (*Traités des sociétés civiles et commerciales*),
la solution est juridique, car lorsqu'il résulte des
termes de la loi qu'après la souscription totale du
capital et le versement du quart par chaque actionnaire, la société est définitivement constituée,
il n'est guère possible, juridiquement, d'admettre
que le fait ultérieur d'augmenter son capital va
changer sa position et enlever à sa constitution
le caractère définitif que la loi elle-même lui avait
donné.

La condition dans une souscription aux actions
d'une société anonyme, en formation, n'est pas valable.
Un arrêt de la Cour d'appel de Paris, du 9 mai 1868,
ne peut laisser aucun doute sur ce point. Il s'agissait
d'un employé qui avait souscrit des actions à condition d'avoir un emploi dans la société. L'emploi ne

lui ayant pas été accordé, la souscription fut néanmoins maintenue.

Les fondateurs et les souscripteurs peuvent-ils, lorsque le capital social n'a pas été souscrit entièrement, le réduire au montant des actions souscrites ? La Cour de Paris juge que ce serait éluder la loi que d'autoriser une semblable réduction. En effet, si le capital primitivement demandé au public a été jugé nécessaire pour le fonctionnement de la société, il est peu probable qu'avec un capital réduit, elle puisse faire prospérer l'entreprise pour laquelle elle a été créée. L'unanimité même des fondateurs et des souscripteurs ne pourrait pas amener cette réduction, car lorsque le capital n'est pas entièrement souscrit, la société est nulle, et c'est une nullité d'ordre public qui ne peut pas être couverte.

CHAPITRE III.

NÉGOCIATION DES ACTIONS.

L'action est essentiellement cessible, néanmoins,
pendant la discussion de la loi de 1867, à propos de
l'article 34 du Code de Commerce, la question de
savoir si les actions d'une société anonyme pourraient être déclarées incessibles, a été soulevée :
M. Rouher s'est exprimé à ce sujet de la façon suivante :

« A mes yeux, aucun principe de droit, aucun
« texte n'interdirait dans les statuts, la faculté
« de stipuler l'incessibilité de l'action ; je ne dis pas
« l'insaisissabilité. Il faut bien se tenir dans des
« termes rigoureux en pareille matière. L'insaisissa
« bilité ne peut jamais être stipulée. Les dispositions
« de l'article 2093 du Code Napoléon s'y opposent
« d'une manière positive. La fortune du citoyen est
« la garantie de ses engagements. Il ne peut pas se
« donner à lui-même l'avantage de rendre les va
« leurs mobilières ou immobilières insaisissables,

« mais il peut s'interdire de faire un acte de droit
« ordinaire, il peut s'interdire le droit de céder.

« Par conséquent, je maintiens que dans une
« Société anonyme, à mes yeux du moins, car je re-
« connais que ces questions me prennent à l'impro-
« viste et que les travaux de jurisconsulte n'étant
« pas à l'état normal notre occupation de tous les
« jours, nous pouvons facilement commettre une
« erreur, je maintiens, dis-je, qu'on peut parfaite-
« ment stipuler dans les statuts que les actions se-
« ront nominatives et incessibles, et il faut avouer
« que lorsqu'on reconnaît qu'elles ne seront cessibles
« que du consentement de la société, on est déjà
« bien sur les traces de l'incessibilité, puisque la
« volonté d'un tiers suffit pour rendre la cession
« impossible; mais je répète qu'en droit on peut dé-
« clarer les actions nominatives et incessibles. »

M. Emile Ollivier soutenait l'opinion contraire :
« Il est évident, disait-il, que le projet de loi, ren-
« voyant à l'article 34 du Code de Commerce, décide
« par cela même, d'une manière nette et qui ne donne
« lieu à aucune équivoque, que, dans une société
« anonyme, le titre du capitaliste devra être une
« action, c'est-à-dire un titre *cessible* et négociable
« et jamais un intérêt, c'est-à-dire un titre non
« cessible et non négociable.

« Cela résulte des termes de la loi, des termes de

« l'article 34 du Code de Commerce, et sur ce point
« il ne peut y avoir lieu ni à explication, ni à procès,
« ni à interprétation. Cela est clair comme la lumière
« du jour. »

Comment comprendre, en effet, une action incessible, puisqu'un des principaux caractères de l'action
c'est d'être essentiellement négociable. Si on admet
que l'action peut être déclarée incessible, ce ne sera
pas une action, mais *une part, un intérêt*, et l'article 34 du Code de Commerce qui porte que le
capital des sociétés anonymes se divise en actions
sera violé.

Quand une société est illimitée dans sa durée,
chaque associé peut provoquer la dissolution de la société, pourvu que cette demande ne soit pas faite à un
moment intempestif. Au contraire, dans une société
anonyme ce droit n'appartient pas à l'associé, mais
un moyen lui est donné de sortir de la société, c'est
de céder son action. Ainsi donc, si vous permettez de
stipuler l'incessibilité de l'action, vous l'obligez à rester éternellement dans la société : c'est inadmissible
et contraire au caractère de l'action.

L'article 34 n'est pas moins affirmatif sur l'impossibilité de diviser le capital de la société anonyme
en actions d'une valeur inégale : « Le capital de la
« société se divise en actions ou en coupons d'actions
« d'une valeur égale. »

Les caractères principaux de l'action sont donc d'être essentiellement négociables par les voies commerciales et civiles et d'être de valeur égale; nous voyons ainsi combien elle diffère de l'intérêt, qui n'est pas toujours cessible, et qui peut être de valeur inégale.

La loi de 1867, moins rigoureuse que la loi de 1856, qui ne permettait la négociation des actions qu'après le versement des deux cinquièmes, autorise la négociation des actions des sociétés anonymes après le versement du quart exigé pour la constitution de la société. Il reste bien entendu que le versement du quart ne doit pas être seulement effectué sur l'action négociée, mais sur tout le capital actions de la société. Si ce versement du quart n'avait pas été fait sur toutes les actions, la société ne serait pas régulièrement constituée, et ses actions ne pourraient donc pas être négociées.

Nous ne parlons que des modes de négociation par voie commerciale, car les modes de négociations du droit commun s'appliquent à ces actions, aussi bien sous l'empire de la loi de 1867 que sous celui des lois de 1856 et 1863. Aussi ces actions pourraient donc être cédées par acte notarié, acte sous-seing privé, dispositions entre vifs et testamentaires. Elles sont aussi susceptibles d'aliénation forcée, en cas de saisie, de succession et de faillite.

Si les statuts sont muets sur les modes de transmissions, les souscripteurs peuvent se servir de tous les modes du droit commercial. Ainsi, ils peuvent se servir du mode indiqué dans l'article 36 (C. Com.), c'est-à-dire d'une déclaration de transfert inscrite sur les registres de la société. Remarquons que ce mode de cession s'applique seulement aux actions nominatives

L'endossement est encore un des modes du droit commercial : on procède comme pour l'endossement d'un billet à ordre ou d'une lettre de change. Seulement, les statuts de la société peuvent réglementer ce mode de cession ; ils peuvent décider que l'endossement devra être soumis au visa d'agents de la société et inscrits sur le registre des transferts. Mais le mode le plus simple, c'est la transmission de la main à la main ; pour cela il faut qu'une condition soit remplie, il faut que les titres soient transformés en titres au porteur.

Nous allons expliquer les conditions requises par la loi de 1867, pour que cette transformation puisse avoir lieu. Plusieurs systèmes étaient en présence au moment de la discussion de l'article 3 de la loi de 1867. Dans un premier système, on voulait que les souscripteurs primitifs fussent tenus indéfiniment, après la cession de leur action, au paiement intégral du montant de l'action. C'était le système le plus rigoureux.

Dans un autre système, on voulait que les souscripteurs qui auraient aliéné leurs actions ne fussent tenus des sommes dues par les cessionnaires que jusqu'à concurrence de la moitié du montant de chaque action. Enfin la commission demandait que le souscripteur primitif ne fût obligé qu'au paiement de la moitié de son action. Elle exigeait certaines conditions pour cette libération et ne s'occupait pas de savoir si l'action avait été cédée ou était restée toujours entre les mains du souscripteur primitif.

M. Mathieu, rapporteur de la loi, s'exprimait de cette façon à ce sujet :

« La commission a cru possible de prévenir les
« cessions anticipées et frauduleuses, et de créer à
« la société et aux tiers, en même temps, les sûretés
« qu'il était dans la pensée générale de la Chambre
« de leur donner. Dans ce but la commission a intro-
« duit dans sa rédaction nouvelle la double garantie
« que voici :

« Il ne faut pas l'oublier d'abord ; c'est une faculté
« que la loi donne aux sociétés, ce n'est pas une
« obligation qu'elle impose. Les statuts en useront
« ou non. Les associés sont libres à cet égard. Mais
« là où les statuts auront prévu la libération possible
« du souscripteur par le versement de la moitié,
« l'assemblée générale interviendra, elle vérifiera si
« la moitié du montant de l'action a été versée ; puis
« examinant la situation présente et même future de

« la société, elle dira en pleine et parfaite connais-
« sance de cause, s'il est possible de libérer le sous-
« cripteur ou son cessionnaire.

« Il n'est pas possible de croire que l'assemblée
« générale des actionnaires, par une sorte de suicide,
« par un acte de véritable démence, si la société n'est
« pas excellente, si elle a besoin dans un avenir pro-
« chain de faire appel aux ressources des souscrip-
« teurs et à leur garantie personnelle, les libère en
« autorisant la transformation des actions nomina-
« tives en actions au porteur. Il y a là une première
« garantie.

« La seconde est celle-ci : Dans tous les cas,
« quelle que soit la délibération de l'Assemblée gé-
« nérale, qu'elle transforme les actions nominatives
« en actions au porteur, ou que ces actions de-
« meurent nominatives, les souscripteurs et les
« cessionnaires demeureront responsables à partir
« de la délibération elle-même pendant une durée
« de deux années encore. Il n'est pas possible,
« Messieurs, d'imaginer la prévision, à une aussi
« longue échéance, des catastrophes et des ruines
« qui pourraient forcer les souscripteurs ou leurs
« cessionnaires à se débarrasser de leurs actions,
« pour échapper à la responsabilité. La commission
« a cru par là entrer dans le sentiment de la
« Chambre et réaliser la transaction à laquelle le

« renvoi dont elle avait été saisie l'avait provo-
« quée. »

La loi de 1867, s'est montrée plus facile que la
loi de 1856 qui exigeait l'entière libération des actions pour les convertir au porteur. Elle a seulement
exigé que les actions fussent libérées de *moitié*; de
plus, la société doit se réserver dans les statuts la
faculté d'opérer la transformation et une délibération de l'assemblée générale des actionnaires doit, en
outre, déclarer les actions susceptibles de cette conversion. Mais, toutes les actions doivent-elles être
libérées de moitié ou peut-on procéder à la conversion au fur et à mesure que l'on voudra échanger une
action nominative contre une action au porteur?

M. Vavasseur croit qu'il n'y a aucune raison sérieuse pour contraindre les diligents à subir la loi
des retardataires; l'Assemblée générale pourra d'ailleurs précéder aussi bien que suivre la libération de
moitié, ainsi donc chaque actionnaire qui aura libéré
ses titres de moitié pourra se faire délivrer des titres
au porteur. Nous préférons de beaucoup l'opinion
contraire professée par MM. Bédarride et R. Rous-
seau, elle est conforme à l'esprit du législateur qui
se manifeste clairement dans cette phrase prononcée
par le rapporteur: « La délibération de l'assemblée
« attestera deux choses ; la première. que la moitié
« du capital a été *véritablement versée* ; la seconde,

« que la société est dans *un état prospère.* » (Cour
Cass. 21 juillet 1879.)

Or comment l'assemblée attesterait-elle que la
moitié du capital a été réellement versée si la réunion
de l'assemblée précède le versement. On peut dire
que le refus de quelques actionnaires d'opérer le versement peut empêcher la conversion. Mais l'assemblée des actionnaires n'a-t-elle pas un moyen de remédier à cet inconvénient, ne peut-elle faire un appel de fonds et compléter ainsi le versement de
moitié.

CHAPITRE IV.

RESPONSABILITÉ DES SOUSCRIPTEURS ET DES CESSIONNAIRES.

Le souscripteur est tenu au paiement intégral du montant des actions par lui souscrites. Voilà le principe général. Le deuxième alinéa de l'art. 3 de la loi de 1867, y apporte une exception : « Soit, dit cet article, que les actions restent nominatives après la « délibération de l'assemblée générale des action- « naires, soit qu'elles aient été converties en actions « au porteur, les souscripteurs primitifs qui ont « aliéné les actions et ceux auxquels ils les ont cédées « avant le versement de moitié, restent tenus au paie- « ment du montant de leurs actions pendant un « délai de deux ans, à partir de la délibération de « l'assemblée générale. »

Nous avons déjà expliqué les conditions auxquelles cette conversion des actions était possible et par conséquent comment les souscripteurs primitifs pouvaient se libérer de l'obligation d'être tenus indéfiniment au paiement intégral du montant de leurs actions. Nous ne reviendrons donc pas sur ce point. Nous allons examiner les quelques difficultés auxquelles a donné lieu l'application du deuxième alinéa de l'art. 3.

On voit qu'il peut exister deux catégories de sociétés anonymes, celles qui auront profité de la faveur accordée par l'art. 3, et celles qui seront obligées de vivre avec les règles prescrites dans les lois de 1856 et 1863.

Ceux qui ont aliéné leurs actions, ne sont pas, comme on sait, immédiatement affranchis de verser la seconde moitié et voilà les motifs qu'en donnait le rapporteur : « La Commission a, dit-il, pensé que le « sentiment de la Chambre était de ne pas libérer « d'une manière absolue, après le versement de la « moitié de l'action, soit les souscripteurs primitifs, « soit les cessionnaires qu'ils se seraient donnés jus- « que-là. La Chambre n'a pas voulu qu'un sous- « cripteur ou un cessionnaire placé au sein de la « Société, assistant à ses délibérations, aux actes de « sa vie quotidienne, entrevoyant dans un avenir « prochain la catastrophe, la ruine que le public « n'aperçoit pas encore, pût par une cession, se dé- « gager d'une manière complète. »

D'après M. Rataud, l'autorisation de convertir les actions nominatives en actions au porteur, ne peut faire aux souscripteurs des positions inégales ; ainsi, *après l'expiration des deux années, ceux qui ont aliéné ou conservé leurs actions sont également libérés.* Cette opinion est soutenue encore par M. Beudant. Nous ne suivons pas le système de ces savants jurisconsultes. L'article 3, en effet, ne parle que des souscripteurs primitifs *qui ont aliéné leurs actions* et de leurs cessionnaires. Le texte est clair, il ne parle que de ces deux sortes d'actionnaires, comment donc vouloir libérer tout le monde lorsque la loi, au contraire, a restreint cette libération à un certain nombre d'obligés. Le texte de la loi est donc en faveur de notre système. Pour invoquer le bénéfice de l'article 3, il faut l'existence d'une cession par l'effet de laquelle le souscripteur s'est dépouillé de ses actions. La loi alors établit au profit de l'associé qui transmet ses droits et ses obligations à un tiers une novation par la substitution de son cessionnaire à son lieu et place. Si, au contraire, il les a gardées en sa possession, le principe qui veut que celui qui s'oblige oblige le sien, reprend tout son empire. Pour les sociétés à long terme, il est vrai, il faut que les intéressés puissent en sortir dès qu'il y a pour eux nécessité ou convenance. Mais pour revendiquer cette faculté, il faut l'avoir exercée ; comment, en effet, pourrait s'en prévaloir celui qui ayant conservé ses titres a conservé

par là sa qualité d'associé. (Cassation, 21 juillet et
et 26 août 1879.)

Pour nous résumer, nous pensons que le souscripteur qui conserve ses actions après la délibération
déclarant les actions de la société susceptibles de
conversion au porteur, qu'il les ait ou non converties,
reste obligé au paiement intégral de ses actions. Son
obligation, en effet, est régie dans ce cas par les principes généraux de la société anonyme. La faveur de
la loi ne s'applique qu'aux souscripteurs qui ont
aliéné leurs actions ou aux cessionnaires qui les ont
acquises.

Mais le cessionnaire ne peut cependant pas prétendre rester dans la société et participer aux
dividendes sans faire les versements qui lui sont de-
mandés ; il doit ou abandonner son action à la société
ou répondre aux appels de fonds, car l'obligation
personnelle éteinte n'empêche pas que l'action réelle
soit exercée, et la société peut atteindre le titre non
libéré. Le porteur ne peut donc empêcher l'exercice
de cette action réelle qu'en répondant aux appels
de fonds.

Mais comment l'actionnaire poursuivi peut-il éviter le paiement intégral du montant de l'action ? Il
faut qu'il puisse invoquer l'accomplissement des trois
conditions inscrites dans l'article 3.

La libération de moitié ne peut, en aucun cas,

dépendre de la seule volonté de l'actionnaire ou d'une clause inscrite dans les statuts : il faut le vote de l'Assemblée générale des actionnaires.

La société a une action personnelle pour poursuivre ses débiteurs ; elle peut, de plus, exercer une action réelle en atteignant directement le titre. Les statuts ordinairement ont soin de déterminer les conditions de l'exercice de cette action. La clause insérée dans la plupart des sociétés anonymes est que lorsque les versements n'ont pas été effectués aux époques indiquées, le numéro de l'action en retard, après certaines publications et un certain délai, est vendu à la Bourse par le ministère d'un agent de change, et le prix de vente sert à compléter les versements. Malgré cette vente, l'action personnelle subsiste toujours, cela n'est pas douteux.

CHAPITRE V.

VÉRIFICATION DES APPORTS EN NATURE ET DES AVANTAGES PARTICULIERS.

Les lois du 17 juillet 1856 et 23 mai 1863 posèrent les premières des règles sur l'évaluation des apports en nature. On ne permit plus aux fondateurs d'une société anonyme d'apprécier eux-mêmes la valeur de ce qu'ils apportaient. En effet, ils étaient placés entre leur intérêt personnel et celui de la société et ce dernier était souvent sacrifié. Il y eut des fraudes scandaleuses qui motivèrent l'intervention du législateur.

L'article 4 de la loi de 1867 a repris les dispositions des lois de 1856 et 1863 et n'y a introduit que de légères modifications. Nous allons examiner les différentes dispositions de cet article, et les difficultés que son application à pu soulever.

Le premier alinéa de l'article 4 est ainsi conçu :
« Lorsqu'un associé fait un apport qui ne consiste
« pas en numéraire, ou stipule à son profit des avan-

3

« tages particuliers, la première assemblée générale
« fait apprécier la valeur de l'apport ou la cause des
« avantages stipulés. »

La loi de 1856, n'avait pas parlé des avantages
particuliers, c'était un oubli qu'il fallait réparer, car
certaines stipulations en faveur des fondateurs pouvaient entraîner les mêmes inconvénients que l'exa-
gération des apports.

Il ne faut pas croire que le souscripteur qui se
libère au moyen de valeurs d'un recouvrement certain comme des billets de Banque, chèques, bons
du Trésor public payables à vue, soit tenu, sous prétexte qu'il ne verse pas des écus, de faire vérifier
et approuver son apport. Ces valeurs peuvent être
considérées comme de l'argent et rentrent ainsi dans
la catégorie des apports en numéraire qni n'ont pas
besoin de la vérification préalable de l'assemblée
générale.

Il a été jugé qu'on ne peut considérer comme un
apport dont la valeur doit être appréciée et vérifiée,
l'immeuble acquis par la société d'une manière
ferme et définitive pour un prix déterminé, bien que
partie du prix en soit payée au vendeur au moyen
d'actions à créer, en vue de l'augmentation du capital social, si cette augmentation prévue aux statuts
n'entraîne pas la dissolution de la société et si
la société qui profite de l'acquisition est celle-là

même qui l'a faite. (Cassation, 14 juillet 1873).

Nous trouvons au dernier alinéa de l'article 4 une exception à la règle générale qui exige la vérification des apports par l'Assemblée générale des actionnaires, cette exception a lieu lorsque la société est formée seulement entre ceux qui font les apports. Le rapporteur de la commission en a donné les raisons :

« ...Un manufacturier, un chef d'industrie que l'âge ou
« les circonstances mettront dans la nécessité d'allé-
« ger le fardeau qui pèse sur lui voudra loyalement
« faire de son usine, de son industrie la matière
« d'une société par action. Dans tous ces cas et alors
« même qu'un ou deux capitalistes étrangers vou-
« draient souscrire des actions représentatives d'un
« capital en numéraire ajouté aux apports, la créa-
« tion d'une société en commandite (*ou anonyme*)
« sera impossible. Comment, en effet, constituer les
« assemblées chargées de faire vérifier et d'approu-
« ver ensuite les apports et la cause des avantages
« stipulés, puisque les associés qui font les apports
« ou stipulent les avantages, sont écartés de ces as-
« semblées où, à juste titre, on leur refuse voix dé-
« libérative ? C'est placer ceux auxquels leur intérêt
« légitime conseille la société anonyme par actions
« entre l'impuissance et une simulation toujours re-
« grettable, même quand elle ne poursuit pas un but
« mauvais.

« Il a semblé à votre commission qu'il y avait là
« une exception commandée par la force des choses
« et à laquelle on pouvait donner place dans la loi
« si aucun intérêt n'en devait souffrir, et elle a cru
« que ce but serait atteint par un paragraphe addi-
« tionnel ainsi conçu : *Les dispositions qui précèdent*
« *ne seront pas applicables au cas où les associés qui*
« *font les apports ci-dessus énoncés, sont proprié-*
« *taires indivis de tout le fonds social et ne font pas*
« *appel à une souscription publique.* »

La commission, on le voit, avait voulu une
double condition pour que les fondateurs pussent se
prévaloir de cette exception : elle voulait que les associés qui font les apports fussent propriétaires *in-*
divis du fonds social et ne fissent pas appel à une
souscription publique. C'est le Conseil d'Etat qui re-
poussa cette seconde condition comme n'ajoutant
aucune garantie de plus.

Nous avons déjà dit que la loi de 1867 exigeait
non seulement, la vérification des apports en nature
mais aussi celle des avantages stipulés au profit d'un
ou de plusieurs associés. Mais quels sont ces avantages particuliers, et qu'entend-on par avantages
particuliers ?

Supposons que des associés se soient engagés
par le pacte social à fournir annuellement certains
matériaux utiles à l'entreprise que la société a pour

but d'exploiter ; il y a bien là un avantage pour ces associés, puisqu'ils sont certains de placer tous les ans une certaine quantité de leurs produits, mais ce contrat ne nuit nullement à l'égalité qui doit toujours être observée entre associés ; c'est un marché que la société aurait pu faire avec des tiers, c'est un contrat à titre onéreux et bi-latéral qui n'est pas soumis à la vérification de l'assemblée générale des actionnaires

Mais au contraire, si nous supposons qu'un associé prélévera toutes les années un tant pour cent sur les bénéfices de la société, voilà un avantage particulier que l'Assemblée générale devra approuver.

L'allocation de jetons de présence que recevront les administrateurs à chaque séance du conseil d'administration devra également être approuvée par l'Assemblée générale des actionnaires, comme constituant un avantage particulier.

Les formalités prescrites par l'article 4 devront-elles être observées lorsque la fusion de deux sociétés entraînera des apports en nature au profit de l'une des deux sociétés? Selon M. Vavasseur, les articles 1, 2, 3 et 4 de la loi de 1867, ne s'appliquent qu'à la constitution des sociétés et, par conséquent, dans le cas d'augmentation du capital social ou d'apports nouveaux, on n'est point forcé de suivre les prescriptions de ces articles. En effet, c'est une modification de la Société et non une nouvelle société qui résulte de la fusion, à moins que par suite de cette fusion, la Société qui a absorbé l'autre ait changé complètement la nature de ses opérations. Dans ce cas, il y aura une question de fait qui sera peut-être souvent difficile à apprécier. Ainsi, lorsque la fusion de deux sociétés n'entraîne pas de changements dans la nature des opérations sociales, on ne devra la considérer que comme une augmentation de capital ; mais dans le cas contraire, il y a une société complètement nouvelle qui se crée avec des apports en nature, et par conséquent, on devra suivre les prescriptions de l'article 4.

La loi de 1856 exigeait la réunion de deux assemblées d'actionnaires pour vérifier les apports en nature ; l'innovation apportée sur ce point par la loi de 1867, est que les deux Assemblées ne peuvent plus avoir lieu le même jour, il faut un intervalle qui doit être au minimum de cinq jours.

La première Assemblée nomme une commission qui est chargée de vérifier les apports en nature, ou les avantages particuliers que les fondateurs auraient stipulés à leur profit. Cette commission fait un rapport qui est imprimé et laissé au siège social pendant au moins cinq jours, pour que les associés puissent en prendre connaissance.

Les assemblées chargées de la vérification des apports doivent être composées d'un nombre d'actionnaires représentant au moins la moitié du capital social. Tout actionnaire peut prendre part à ces assemblées avec le nombre de voix fixé par les statuts sans qu'il puisse être supérieur à dix.

Les actionnaires ayant fait des apports en nature ne peuvent faire partie des assemblées constitutives; il aurait été difficile, en effet, de leur donner voix délibérative, ils auraient été juges et parties.

Cependant il a été jugé que l'associé exclu de l'assemblée où l'on doit apprécier ses apports ou ses avantages particuliers peut prendre part aux assemblées où se discutent les avantages ou les apports d'autres associés. (Cassation, 14 novembre 1866.)

Les actionnaires absents peuvent se faire représenter par un mandataire; la procuration devra être notariée et restera annexée au procès-verbal.

Comment convoquera-t-on les actionnaires? Les actions étant alors nominatives, il semble que le moyen le plus rationnel soit la convocation par lettre à domicile. M. Alauzet pense que la convocation par la voie des journaux, ou par tout autre mode atteignant le but de la loi pourrait être également admise si elle est employée de bonne foi et présente une publicité suffisante.

L'article 30 de la loi du 24 juillet 1867, règle les formalités à accomplir dans le cas où la première assemblée n'aurait pas réuni un nombre suffisant d'actionnaires, pour prendre une décision définitive. « Une nouvelle assemblée est convoquée. Deux avis publiés à huit jours d'intervalle, au moins un mois à l'avance, dans l'un des journaux désignés pour recevoir les annonces légales, font connaître aux actionnaires les résolutions provisoires adoptées par la première assemblée, et ces résolutions deviennent défi-nitives si elles sont approuvées par la nouvelle assemblée composée d'un nombre d'actionnaires représentant au moins le cinquième du capital social. »

Ainsi la loi exige un nombre moins considérable d'actionnaires pour le cas où la première assemblée n'a pas réuni un nombre suffisant d'intéressés : il faut alors que les actionnaires présents représentent le cinquième du capital social pour prendre une délibération valable et définitive.

Nous avons vu qu'aux assemblées constitutives tout actionnaire pouvait prendre part au vote, ne fût-il propriétaire que d'une action.

Cette faculté pour le propriétaire d'une action de pouvoir voter, n'a lieu en général que pour les assemblées constitutives, car les statuts de la plupart des sociétés anonymes ont le soin d'exiger un nombre plus considérable d'actions, pour pouvoir prendre part aux assemblées ordinaires et extraordinaires qui ont lieu durant le fonctionnement de la société ; grâce à cette faculté pour le propriétaire d'une action de prendre part aux assemblées constitutives, ne pourrait-on pas créer une majorité factice dans ces premières assemblées où cependant la sincérité des votes est d'une si grande importance ? Il est vrai que les actions ne sont pas transférables par voie commerciale, mais elles le sont par voie civile, et l'actionnaire propriétaire d'un grand nombre d'actions peut donc les céder à ses amis pour faire une majorité. Un tel fait a été prévu par la loi et puni par l'article 13 d'une amende de 500 francs à 10,000 francs, et d'un emprisonnement qui peut varier de quinze jours à six mois. Ces peines n'ont pas toujours été un remède efficace contre le mal.

M. Duvergier avait pensé que l'on pouvait prévenir cet abus. Il décidait que les actions ne pouvaient pas être transmises même par voie civile, avant l'approbation par l'assemblée générale des apports en nature et des avantages particuliers, ou que du moins le droit ne pouvait être cédé que tel qu'il est, c'est-à-dire sans fractionnement possible. Il est difficile d'admettre cette solution ; la loi en prohibant les transmissions par voie commerciale, ne parle pas des cessions par voie civile.

En résumé, tout porteur d'actions a droit de figu-

rer aux assemblées constitutives, sauf ceux qui font
à la société des apports en nature, ou qui ont stipulé
à leur profit des avantages particuliers.

L'assemblée constitutive qui a, comme nous venons
de l'expliquer, le pouvoir de rejeter ou d'approuver,
peut-elle modifier ou réduire la valeur des apports
soumis à sa vérification et, dans ce cas là, la délibération de la majorité pourrait-elle être imposée à la
minorité ?

Pour l'affirmative on peut dire, qui peut le plus
peut le moins, mais les partisans de la négative soutiennent que la majorité n'a pas le droit de modifier
le contrat primitif et de créer une société nouvelle ; le seul pouvoir de l'assemblée constitutive
consiste à approuver ou à rejeter.

Pour bien comprendre quelle a été la pensée du
législateur il faut nous reporter à la discussion devant le Corps Législatif de l'article 4. M. Marie sou-
tint « qu'un pouvoir aussi étendu ne pouvait être
« reconnu à la majorité déterminée par l'article 4,
« que, seule, l'unanimité des actionnaires pouvait
« consentir un changement au pacte constitutif et
« transiger, en conséquence, sur l'évaluation que les
« statuts avaient faite des apports et des avantages
« qui y étaient stipulés. »

M. Javal présenta un amendement ainsi conçu :

« A défaut d'approbation, la société reste sans effet,
« à moins qu'elle ne se mette d'accord sur une éva-
« luation différente. »

Les propositions de MM. Marie et Javal furent re-
poussées, et, par ce rejet, il est clairement démontré que l'assemblée constitutive peut non seulement
approuver et rejeter, mais encore modifier l'évaluation des apports et avantages particuliers, et les
souscripteurs présents ou absents restent liés.

Le pouvoir de l'assemblée n'irait pas jusqu'à
changer les dispositions des statuts sociaux relatives
à la constitution et au mode d'apport du fonds social,
et spécialement jusqu'à dispenser les fondateurs de
la société de verser l'apport promis par eux.

« L'approbation ne fait pas obstacle à l'exercice
« ultérieur de l'action qui peut être intentée pour
« cause de dol ou de fraude (art. 4). » La loi de
1856 ne contenait pas cette disposition et néanmoins
l'action n'en était pas moins recevable sous l'empire
de cette loi, car, dès qu'il y a dol ou fraude, on peut
toujours faire tomber les conventions qui en décou-
lent.

Qui doit supporter les frais d'émission dans
le cas où les apports n'ayant pas été approuvés la
société n'a pu être constituée ? Les fondateurs seuls
doivent payer les frais de publicité ou autres qu'ils
ont faits, car c'est de leur faute si l'émission n'a pas

réussi ; les souscripteurs reprennent intégralement les sommes qu'ils ont versées.

Il nous reste à examiner quelques autres conditions relatives à la constitution des sociétés anonymes, qui offrent une moins grande importance que celles que nous venons d'étudier.

La loi exige un certain nombre d'associés pour que la Société anonyme puisse se constituer, l'article 23 de la loi de 1867 veut que le nombre des associés ne soit pas inférieur à sept ; c'est la reproduction de l'article 2 de la loi de 1863. La loi belge du 18 mai 1873, a reproduit cette disposition que nous-mêmes nous avons empruntée à la législation anglaise.

Mais pourquoi cette restriction à la liberté d'association, pourquoi exiger le nombre de sept, plutôt que trois, quatre? On a répondu, et cela est le vrai motif de l'article 23, que s'il y avait moins de sept associés, la société pourrait être considérée par les tiers comme une société en nom collectif, et leur inspirer une confiance trompeuse. Car les tiers croyant contracter avec des associés indéfiniment responsables, se trouveraient en face d'associés liés seulement jusqu'à concurrence du capital social.

La société anonyme n'est définitivement constituée qu'à partir de l'acceptation dûment constatée des administrateurs et des commissaires nommés. C'est bien là encore, dans la pensée de la loi une des conditions constitutives. Mais comment sera constatée l'acceptation des premiers administrateurs et des commissaires s'ils sont présents : l'article 23 prévoit bien le cas en disant que le procès-verbal de la séance constate l'acceptation des administrateurs et des commissaires présents à la réunion; s'ils sont absents, l'article 25 ne dit rien ; pour suppléer au silence de la loi, on admet généralement que l'acceptation pourra être faite par un acte ultérieur authentique ou sous seing privé. La loi ne prévoit pas encore comment l'acceptation aura lieu dans le cas où les administrateurs auront été nommés par les statuts. Dans ce cas, il est clair que l'acceptation résulte des statuts mêmes.

Arrivons enfin à une dernière condition imposée seulement à une certaine espèce de sociétés, aux tontines et aux sociétés d'assurances sur la vie, c'est-à-dire à l'autorisation. L'article 66 qui impose cette formalité, ne distingue pas entre les sociétés d'assurances sur la vie, mutuelles ou à prime. Quant aux tontines, la jurisprudence les définit des associations fondées sur des combinaisons aléatoires dans lesquelles entrent comme base principale des chances de mortalité. Les autres sociétés d'assurances peuvent se former sans autorisation. Un règlement d'administration publique a déterminé les conditions sous lesquelles elles pourront se constituer. Ainsi les sociétés d'assurances ne jouissent pas d'une liberté absolue, les unes ont besoin de l'autorisation du Gouvernement, les autres doivent observer un règlement d'administration publique, c'est une dérogation à l'article 21. Les sociétés d'assurances autres que celles sur la vie, et que les tontines qui existaient avant la promulgation de la loi de 1867, pourront se placer sous le régime qui sera établi par le règlement d'administration publique, sans l'autorisation du Gouvernement en observant les formes et les conditions prescrites pour la modification de leurs statuts. (Art. 67.)

Le rapporteur de la loi de 1867 explique la nécessité de déroger à l'article 21 pour ces deux espèces de sociétés. « Les tontines, dit-il, et les so-
« ciétés d'assurances mutuelles, chacun en con-
« vient, ne sont pas des sociétés, quoiqu'on leur
« donne communément ce titre.

« L'expérience a démontré pour elles la nécessité
« de l'autorisation, et les motifs qui ont autrefois
« déterminé le législateur n'ont pas perdu leur va-
« leur. Ces motifs, le préambule d'un avis du Conseil
« d'État de 1809 les a formulés; l'exposé des motifs
« les rappelle et votre commission les accepte. Une
« association de la nature des tontines sort évidem-
« ment de la classe commune des transactions entre
« citoyens. La nature de ces établissements qui ne
« permet aux associés aucun moyen efficace et réel

« de surveillance, leur durée toujours inconnue et
« qui peut se prolonger pendant un siècle; la foule
« des personnes de tout état et de tout âge qui y
« prennent des intérêts, le mode dont ces associa-
« tions se forment, les chances sur lesquelles repose
« la combinaison et que ne peuvent guère apprécier
« les petits capitaux appelés à y prendre part, tout
« cela exclut une liberté qui pourrait facilement être
« dangereuse. »

Les sociétés d'assurances sur la vie, mutuelles ou
à prime, participent à tous ces caractères, aussi
la loi nouvelle les a-t-elles soumises au même
régime.

L'obligation de demander l'autorisation existe donc
pour les sociétés de la nature des tontines; il a été
impossible de les définir toutes, cependant, au cours
de la discussion, M. le conseiller d'Etat de Bou-
reuille a cru pouvoir classer en cinq catégories celles
que l'on retrouvait le plus souvent dans la pratique :
1° les sociétés d'accroissement de capitaux avec
l'aliénation totale ou partielle du revenu; 2° les Sociétés d'accroissement du capital sans aliénation du
revenu; 3° les sociétés d'accroissement du revenu sans
aliénation du capital; 4° les sociétés d'accroissement
du revenu avec l'aliénation du capital; 5° les sociétés
de formation d'un capital par l'accumulation du revenu sans l'aliénation du capital des mises.

Certains auteurs ont prétendu que les sociétés universelles de biens, prévues par l'article 1836 du Code civil, pouvaient être assimilées aux tontines. Cette opinion d'ailleurs n'est pas admise par la jurisprudence.

Avant la nouvelle loi militaire qui, après la guerre de 1870, a rendu le service obligatoire pour tous, il s'était formé entre les pères de famille des associations contre les chances de recrutement ; on se demandait si on devait ranger ces associations parmi les tontines. La Cour de cassation s'est prononcée sur ce point ; elle a dit d'abord que l'on ne trouvait pas le caractère de tontine dans une association ayant en vue une assurance mutuelle, qui a but de procurer aux jeunes gens appelés sous les drapeaux le moyen de se racheter, si cette association se limitait à un certain nombre de personnes connues les unes des autres (Cassation, 4 fév. 1865).

D'où il résulterait que le caractère de tontine appartenait avec ses conséquences légales, à une association contractée entre des personnes inconnues les unes des autres, par l'intermédiaire d'un agent qui stipulait un profit pour lui.

Mais la jurisprudence a changé sur ce point. Elle ne recherche plus si l'association est faite *entre personnes connues les unes des autres*. En effet, un arrêt assez récent de la Cour suprême, conforme à un avis

du Conseil d'Etat du 26 janv. 1870, consacre ce revire-
ment en décidant que, « ce qui caractérise les asso-
« ciations de la nature des tontines, c'est l'organisa-
« tion d'une opération financière fondée sur des
« combinaisons aléatoires, dans lesquelles entrent
« comme base principale des chances de mor-
« talité. » (Cass. 26 avril 1876.)

CHAPITRE VI.

Nous avons vu les conditions exigées pour la constitution de la société anonyme, maintenant, nous allons examiner les formalités exigées pour que les tiers soient mis à même d'en connaître l'existence.

Toutes les sociétés commerciales doivent être constatées par un écrit, mais elles ont toutes la faculté de choisir entre un acte authentique et l'acte sous-seing privé ; la loi exige, en outre, que la déclaration des fondateurs qui constate la souscription du capital social et le versement du quart soit faite dans un acte notarié.

L'écrit pour la société anonyme n'est pas exigé comme pour la société civile *ad probationem,* mais *ad formam, ad solemnitatem* : on conçoit cette différence en se reportant aux caractères de ces deux espèces de sociétés. La société civile a pour but seulement de régler des rapports respectifs qui naissent entre les associés par suite de conventions ; au contraire, la société commerciale est une personnalité juridique qui va, agit, traite, contracte avec les tiers. Aussi, comprend-on que pour la société civile, la loi n'impose pas dans tous les cas la rédaction d'un écrit, tandis que pour la société commerciale, la loi en fait, dans l'intérêt des tiers, une condition absolue.

Le défaut d'écrit, pourrait-on objecter, n'est pas une des causes de nullité prévues par le Code de commerce. Il est facile de répondre à cette objection : Aucune des dispositions écrites dans le Code, de l'article 18 à l'article 39, n'est expressément sanctionnée de nullité et cependant personne ne voudra prétendre qu'une société constituée en dehors de ces prescriptions soit valablement établie. De plus, l'article 42 du Code de commerce qui a été reproduit en partie dans la loi de 1867, dit que les formalités relatives à la publicité doivent être observées sous peine de nullité. D'où l'on peut conclure que la société anonyme n'a d'existence légale que lorsqu'elle a été constatée par un écrit.

Le contrat de société rédigé forme une preuve complète, aucune preuve par témoin ne peut être admise contre et outre le contenu de l'acte.

A l'origine même des sociétés, on s'est occupé des moyens propres à faire connaître leur existence aux tiers. L'édit de Blois de 1579 soumit à la nécessité du dépôt celles qui existaient déjà et celles qui se formeraient à l'avenir. Ces dispositions ne s'appliquaient qu'aux sociétés formées entre étrangers, qui alors, avaient accaparé le commerce en France, et qui lésaient nos nationaux par la clandestinité de leurs associations.

L'ordonnance de 1623 rendit obligatoire, pour les Français, l'enregistrement et le dépôt des actes de sociétés. Cette ordonnance ne fut en vigueur que peu de temps.

Une nouvelle ordonnance rendu en 1673 réglementa la matière d'une façon plus sérieuse. Elle exigeait que les noms de tous les associés fussent connus du public. Cette prescription ne s'appliquait qu'aux sociétés conclues entre marchands, elle en dispensait les sociétés entre marchands et non marchands, c'est-à-dire les commandites. C'était pour ne pas écarter des commandites les capitaux civils dont les propriétaires, à raison de leur fonction sociale, voulaient bien courir les chances du commerce, mais rester inconnus.

L'article 2 de l'ordonnance de 1673, prescrivait la publication d'extraits des actes soit par l'enregistrement au greffe de la justice consulaire ou de l'Hôtel-de-Ville, soit par l'affiche de l'extrait dans un tableau exposé en un lieu public. La sanction de ces dispositions était la nullité qui était prononcée tant à l'égard des associés qu'à l'égard des tiers. Les tiers étaient donc responsables d'une faute à laquelle ils étaient absolument étrangers.

L'injuste sanction de cette ordonnance et les exceptions qu'elles renfermaient firent qu'elle ne fut pas exécutée et le Parlement ne voulut pas prononcer la nullité des sociétés commerciales, pour défaut d'enregistrement. Le Code de Commerce prescrivit une série de formalités qui furent ponctuellement exécutées, mais qui donnèrent lieu aussi à de nombreuses réclamations. Ces réclamations furent portées à la tribune lors de la discussion de la loi de 1867 et amenèrent l'abrogation des articles 42, 43, 44, 45, 46 du Code de Commerce, et leur remplacement par un mode de publicité plus simple et moins onéreux, qui fait l'objet du titre IV de la loi de 1867.

Nous avons pensé qu'il était bon de faire l'historique abrégé de la question avant d'aborder la discussion et l'explication des articles 55 à 66.

Le titre IV de la loi de 1867, s'applique aux trois modes de sociétés commerciales ; sous l'empire de la loi nouvelle comme sous l'empire des lois anciennes, les sociétés civiles ne sont point soumises à ces formalités de publicité.

Nous allons d'abord examiner, quoique ce ne soit pas compris dans le titre IV, les différentes formalités qu'exige la rédaction de l'acte de société et énumérer les pièces qui doivent y être annexées.

L'article 40 du Code de Commerce obligeait les

sociétés anonymes à recourir à un acte public pour leur formation. L'article 40 a été abrogé et la distinction qui existait à ce sujet entre les sociétés anonymes et les sociétés en nom collectif et en commandite a été supprimée. Cette faveur n'a pas une bien grande importance puisque le recours au notaire est nécessaire pour la déclaration à faire par les fondateurs après la souscription du capital et le versement du quart.

La loi belge du 18 mai 1873, a été plus rationnelle, elle a établi sous ce rapport une différence complète entre les sociétés de personnes et les sociétés de capitaux : « Les sociétés en nom col-« lectif, dit l'article 4 de la loi belge, les sociétés en « commandite simple et les sociétés coopératives, « sont à peine de nullité, formées par des actes spé-« ciaux, publics ou sous signature privée, en se con-« formant dans ce dernier cas à l'article 1325 du « Code civil. Il suffit de deux originaux pour les so-« ciétés coopératives. Les sociétés anonymes et les « sociétés en commandite par actions sont, à peine « de nullité, formées par actes publics. Toutefois, ces « nullités ne peuvent être opposées aux tiers par les « associés; entre les associés, elles n'opèrent qu'à dater « de la demande tendant à les faire prononcer. »

Pour les sociétés anonymes, lorsque l'acte est fait sous seing privé, ce qui sera très-rare, il devra être rédigé en double exemplaire, l'un pour rester au siége social, l'autre pour être joint à la déclaration notariée, il devra, en outre, être fait autant de doubles que les formalités de publication l'exigeront, c'est-à-dire au moins deux, l'un pour le greffe de la justice de paix, l'autre pour celui du Tribunal de commerce. Si la société a plusieurs établissements situés dans des arrondissements différents, il devra être fait assez de doubles pour qu'il puisse en être déposé un dans chaque greffe du Tribunal de commerce et de Justice de paix de chaque arrondissement. Chaque original, pour se conformer à l'article 1325, du Code civil devra mentionner le nombre d'originaux qui a été fait.

Occupons-nous maintenant d'une autre formalité que la loi exige des fondateurs, elle veut que ceux-ci viennent déclarer par acte notarié que le capital entier est souscrit et que chaque actionnaire a versé le quart des actions par lui souscrites.

La loi de 1867 reproduit à cet égard les dispositions de la loi du 17 juillet 1856 sur les sociétés en commandite par action et la loi du 23 mai 1863 sur les sociétés à responsabilité limitée. Le notaire ne fait que constater la déclaration faite par les fondateurs. Mais il ne faut pas croire que cette déclaration soit à l'abri de toute vérification ; la déclaration, dit l'article 24, est soumise avec les pièces à l'appui à la première assemblée générale qui en vérifie la sincérité. Ces précautions n'ont pas encore paru suffisantes au législateur, il a craint que les fondateurs ne déclarassent comme réalisées des souscriptions plus ou moins justement espérées, aussi à la déclaration des fondateurs doit être annexée la liste des souscripteurs. L'état des versements effectués doit être aussi annexé à la déclaration des fondateurs, il servira de pièce à l'appui de la déclaration constatant que le versement préalable du quart a été véritablement effectué.

Au moment de la discussion de cet article, on avait pensé à remplacer le mode de publication organisé par le Code de Commerce par l'institution d'un bureau unique analogue à celui des brevets d'invention au ministère du commerce, où auraient été déposés les statuts des sociétés et les actes ou délibérations modifiant les conditions de leur existence. Ce système de publicité, imité du *registrar* anglais où le chef de bureau du dépôt a même pour mission de vérifier si les statuts ont ou non respecté la loi, a été repoussé

L'article 55 de la loi de 1867 contient un certain nombre de dispositions dont nous avons déjà parlé, nous croyons utile pour plus de clarté de la citer en son entier : « Dans le mois de la constitution de « toute société commerciale un double de l'*acte*

« *constitutif*, s'il est sous seing privé, ou une expé-
« dition, s'il est notarié, est déposé au greffe de
« la justice de paix et du Tribunal de commerce du
« lieu dans lequel est établi la société. A l'acte cons-
« titutif des sociétés en commandite par actions et
« des sociétés anonymes sont annexés : 1° une expé-
« dition de l'acte notarié constatant la souscription
« du capital social et le versement du quart ; 2° une
« copie certifiée des délibérations prises par l'assem-
« blée générale dans les cas prévus par les articles 4
« et 24. En outre, lorsque la société est anonyme,
« on doit annexer à l'acte constitutif la liste nomina-
« tive dûment certifiée, des souscripteurs, contenant
« les noms, prénoms, qualités et demeures et le
« nombre d'actions de chacun d'eux. »

Il ne s'agit donc plus d'un extrait comme sous
l'empire du Code, mais le texte intégral de l'acte de
société est porté à la connaissance du public.

Une nouvelle et heureuse innovation renfermée dans
l'article 55 est le remplacement de l'inscription sur
les registres du greffe et de l'affiche dans la salle des
enchères par le simple dépôt au greffe. Le délai de
quinze jours à compter de la date des actes, accordé
par le Code de Commerce pour la publication de ces
actes, est porté à un mois ; ces formalités ne s'accom-
plissent plus seulement au greffe du Tribunal de
commerce, mais encore au greffe de la justice de paix.

Si la société a plusieurs établissements de commerce le dépôt doit avoir lieu dans chacun des arrondissements où elle existe, en cela on n'a apporté aucune innovation au texte du Code de Commerce. Dans les villes divisées en plusieurs arrondissements, le dépôt doit être fait seulement au greffe de la Justice de paix du principal établissement (Art. 59. — Loi du 24 juillet 1867).

Il faut pour que ces formalités soient exigées que la société ait réellement dans des arrondissements différents un domicile social, une maison de commerce ; il ne suffirait pas, en effet, que cette société eût dans un autre arrondissement des relations avec les tiers, qu'elle y exécutât des opérations faisant partie du commerce ou de l'industrie qu'elle exploite pour qu'elle fût obligée d'y faire des publications. Si l'on prend pour exemple une société d'entreprise de travaux doit-on considérer comme maisons de commerce distinctes, les lieux différents où les travaux s'exécutent, où la société a des ouvriers, des agents? Un arrêt de la Cour de Paris du 24 décembre 1842 se prononce pour la négative et M. Delangle approuve la solution de la Cour de Paris en ces termes :

« Ce serait, dit-il, pousser les choses à l'excès que
« d'imposer la nécessité des publications partout où
« la société à des rapports avec les tiers et se livre
« aux travaux qui doivent la conduire à son but. Il

« faut encore pour que la loi soit applicable qu'il y
« ait un domicile social, une maison de commerce.
« On ne peut pas entendre par maison de commerce
« le lieu où les travaux s'exécutent. »

L'ancien article 42 du Code de Commerce n'exigeait pas la publicité par les journaux, un décret du
12 février 1814, rendu par l'impératrice Marie Louise,
ordonna pour les sociétés établies à Paris, l'insertion
de l'extrait dans les affiches judiciaires et dans un
journal de commerce du département de la Seine, et
étendit les mêmes formalités aux autres départements
en exigeant que l'insertion y fût faite dans les affiches
judiciaires et dans les journaux du département où
les tribunaux de commerce seraient placés. La Cour
de cassation décida que le décret que nous venons de
citer était inconstitutionnel et par conséquent non
obligatoire. Il fut remplacé plus tard par la loi du
31 mars 1833, dont les dispositions incorporées
dans l'article 42, s'appliquaient seulement aux sociétés en nom collectif et en commandite. Les sociétés anonymes étaient assujetties à la publicité au
tribunal de commerce prescrite par l'article 45 du
Code de Commerce. De plus les statuts, approuvés
par décret rendu en forme de règlement d'administration publique, devaient aussi être insérés au
Bulletin des Lois. Le décret d'autorisation portait
toujours qu'ils seraient insérés au *Moniteur* et dans

un journal d'annonces judiciaires du département dans lequel serait établi le siége social.

L'autorisation du Gouvernement n'étant plus nécessaire pour la création des sociétés anonymes, la loi de 1867 n'a pas établi, pour la publicité, de différence entre les sociétés anonymes et les sociétés en nom collectif ou en commandite.

« Dans le délai d'un mois, un extrait de l'acte
« constitutif et des pièces annexées est publié dans
« l'un des journaux désignés pour recevoir les an-
« nonces légales. Il sera justifié de l'insertion par
« un exemplaire du journal certifié par l'imprimeur,
« légalisé par le Maire et enregistré dans les trois
« mois de sa date. Les formalités prescrites par l'ar-
« ticle précédent et par le présent article seront ob-
« servées à peine de *nullité* à *l'égard des intéressés*;
« mais le défaut d'aucune d'elles ne pourra être op-
« posé aux tiers par les associés. » (Art. 56, loi de 1867.)

La voie des journaux est donc le second des éléments dont la publicité se compose. La loi exige que les formalités prescrites dans les articles 55 et 56 soient remplies dans le délai d'un mois, à partir de la constitution de la société. Si, après l'expiration de ce délai, la nullité de la société est demandée, soit par des associés, soit par des tiers, elle devra être prononcée.

La question s'est posée de savoir si, le dépôt et

la publication ayant été faits après le délai d'un mois,
on pourrait demander la nullité de la société, malgré
cet accomplissement tardif mais régulier. Nous ne
le croyons pas, et en cela nous sommes d'accord avec
la jurisprudence.

D'après le décret du 7 février 1852, c'est le préfet
qui devait désigner un ou plusieurs journaux où seraient insérés les extraits d'actes de société. On s'est
demandé alors si l'insertion devait être faite dans un
seul ou dans tous les journaux désignés par l'autorité préfectorale. La Cour de Lyon voulait l'insertion
dans tous les journaux ; la Cour de Toulouse, au
contraire, décidait que l'insertion dans un des journaux suffisait, et c'est cet arrêt qu'a confirmé la Cour
de Cassation. L'article 56 de la loi de 1867 a tranché
la difficulté, en disant que l'insertion devait être
faite dans l'*un des journaux* désignés pour recevoir
les annonces légales. Pour assurer l'exécution des
mesures prescrites dans le premier paragraphe de
l'article 56, le législateur a voulu que l'insertion fût
justifiée par un exemplaire du journal, certifié par
l'imprimeur, légalisé par le maire et enregistré dans
les trois mois de sa date. C'est la reproduction litté-
rale de l'article 42 du Code de Commerce.

En résumé, l'extrait doit énoncer :

1° Que la Société est en nom collectif simple, ou
en commandite simple, ou par actions, ou anonyme,

ou à capital variable. Les tiers ont, en effet, grand intérêt à savoir à quelle nature de société ils ont affaire, afin de connaître l'étendue des pouvoirs et la responsabilité de chaque associé.

2° La dénomination adoptée par la société.

3° Le nom des associés autorisés à gérer, à administrer, à signer pour la société.

4° Le siége social.

5° Le montant du capital social, avec indication pour la société anonyme du capital en numéraire et du capital en autres objets, ainsi que la quotité à prélever sur les bénéfices pour former le fonds de réserve.

6° La clause des statuts qui autorise, conformément aux articles 3 et 24, la conversion, par délibération de l'assemblée générale, des actions nominatives en actions au porteur, après libération de moitié. Cette clause a pour effet, comme nous l'avons déjà expliqué, d'affranchir les souscripteurs qui négocient leurs actions de la responsabilité du paiement de la seconde moitié, après deux années écoulées depuis la libération qu'a autorisée la conversion.

7° L'époque où la société commence et celle où elle doit finir.

8° La date du dépôt fait aux greffes de la Justice de paix et du Tribunal de commerce. Le Code de Commerce ne parlait pas de cette énonciation qui a pour objet de faciliter les recherches des personnes qui ont besoin de prendre connaissance de l'acte constitutif lui-même.

9° La souscription du capital social et le versement du quart, constatés par l'acte notarié, dont une expédition a été annexée au double de l'acte constitutif.

10° Les délibérations prises par l'assemblée générale au sujet des avantages particuliers et des apports en nature.

11° La pièce contenant la liste nominative des souscripteurs dûment certifiée.

En dehors de la publicité imposée à l'origine de la société anonyme, il y a une publicité permanente qui dure tout le temps de son existence. Ce sont les articles 63 et 64 qui ont réglé cette publicité.

Toute personne a le droit de prendre communication des pièces déposées au greffe de la Justice de paix ou du Tribunal de commerce, ou même de s'en faire délivrer, à ses frais, une expédition ou un extrait par le greffier ou par le notaire détenteur de la minute.

Toute personne peut également exiger qu'il lui soit délivré au siége de la société une copie certifiée des statuts moyennant le paiement d'une somme qui ne pourra excéder un franc.

Enfin les pièces déposées doivent être affichées

d'une manière apparente dans les bureaux de la société (art. 63). Il n'y a que peu de choses à dire sur cet article, néanmoins nous devons signaler une exception à une des règles de la profession notariale qui n'oblige le notaire à délivrer des expéditions qu'à ses clients; d'après l'article 63 il doit déférer à la demande *de toute personne* qui le requiert avec offre d'en payer les frais, de lui délivrer une expédition des actes sociaux dont il a la minute. Aucune pénalité ne garantit le droit des tiers de prendre communication des pièces déposées et de l'affiche de ces pièces dans les bureaux de la société. L'observation en fut faite devant le Corps Législatif, mais on n'y eut pas égard.

Dans tous les actes, factures, annonces, publications et autres documents imprimés ou autographiés émanés d'une société anonyme, la dénomination sociale doit toujours être précédée ou suivie immédiatement de ces mots, écrits lisiblement en toutes lettres : SOCIÉTÉ ANONYME et l'énonciation du montant du capital social (art. 64). Cette seconde mesure de publicité, comme dit le rapport de la Commission législative, a pour but « d'éviter aux tiers des sur-« prises en mettant constamment sous leurs yeux la « nature de l'être moral avec lequel ils traitent et « l'étendue des garanties qu'il présente. »

Selon M. de Courcy, l'énonciation du montant du

capital social n'est pas suffisante, il aurait fallu obliger la société à publier le capital de garantie résultant du dernier inventaire.

Le dernier paragraphe de l'article 64 dispose que « toute contravention aux dispositions qui précèdent « est punie d'une amende de 50 fr. à 1,000 fr. » Cette disposition est empruntée à l'article 28 de la loi du 23 mai 1853, sur les sociétés à responsabilité limitée.

La loi exige la publication de toutes les modifications apportées aux statuts de la société, et l'article 61 s'exprime à ce sujet en ces termes : « Sont « soumis aux formalités et aux pénalités prescrites « par les articles 55 et 56, tous actes et délibérations « ayant pour objet la modification des statuts, la « continuation de la société au delà du terme fixé « pour sa durée, sa dissolution avant ce terme et le « mode de liquidation, tout changement aux retraits « d'associés et tout changement à la raison « sociale. »

Malgré les termes généraux de notre article, beaucoup de commentateurs de la loi de 1867 pensent qu'il n'est pas nécessaire de publier les modifications aux statuts qui n'intéressent pas les tiers; la Cour de Cassation a jugé dans le sens de ces auteurs (15 juillet 1878).

Après la modification aux statuts, l'article 61 s'occupe de la continuation de la société au delà du terme fixé pour sa durée. En effet, toute convention qui proroge la société au delà du terme fixé constitue une modification qui ne vaut, vis-à-vis des tiers, que par l'accomplissement des formalités de publicité prescrites par les articles 55 et 56.

C'est la troisième prescription de l'article 64, qui a soulevé le plus grand nombre de difficultés. Une controverse s'est élevée sur le point de savoir s'il est nécessaire de suivre les formalités ordinaires de publication lorsque la dissolution de la société est prononcée par une décision judiciaire. Un arrêt de la Cour de Bordeaux, du 3 mars 1856 a résolu la question en ce sens que la disposition de la loi qui soumet les actes de dissolution des sociétés de commerce avant le terme fixé pour leur durée à la formalité de la publication, n'est pas applicable au cas de dissolution prononcée par une décision judiciaire.

L'article 46 du Code de Commerce ne parlait pas de l'obligation de publier le mode de liquidation, il exigeait la publicité pour « tous actes portant disso- « lution de société avant le terme fixé pour sa durée « par l'acte qui l'établit. » Les rédacteurs du Code ont cru que l'énonciation de l'article 46 était suffisante ; le législateur de 1867 a voulu plus de clarté, aussi il a exigé la publication du *mode de liquidation.*

L'article 64, en parlant de l'obligation de publier

le changement ou le retrait d'associés n'a pas en vue les propriétaires d'actions.

La société anonyme n'ayant pas de raison sociale, mais étant seulement désignée par le but de l'entreprise, il n'est pas possible de lui appliquer la disposition de l'article 61, qui exige la publication pour tous changements de la raison sociale; mais, s'il y a une modification dans le but de l'entreprise que la société s'est proposé d'exploiter, on devra observer les prescriptions des articles 55 et 56 qui exigent la publication « de tous actes et délibérations ayant « pour objet la modification des statuts. »

Le dernier paragraphe de l'article 61 se rapporte à divers articles qui le précèdent et dont il donne l'énumération, savoir :

L'article 19 relatif à la transformation en sociétés anonymes des sociétés en commandite par actions formées antérieurement à la loi nouvelle.

L'article 37, dont nous avons déjà parlé, qui exige pour les sociétés anonymes en cas de perte des trois quarts du capital social une délibération de l'assemblée générale. Les articles 46 et 47 qui s'occupent également de la transformation des sociétés anonymes dans les termes de la loi nouvelle, des anciennes sociétés anonymes et des sociétés à responsabilité limitée. Toutes ces prescriptions sont sanctionnées par les pénalités indiquées dans les articles 55 et 56.

La Cour de cassation (7 juillet 1833) a décidé, sous l'empire du Code de Commerce, que la dissolution d'une société doit être publiée alors même que cette société, au moment de sa formation, n'avait pas observé les formalités de publicité exigées par la loi. Et cette décision doit être suivie sous la loi de 1867. Si on n'admettait pas cette opinion ce serait, en effet, autoriser les sociétés en faute à induire encore les tiers en erreur.

CHAPITRE VII.

SANCTIONS CIVILES EN CAS D'INOBSERVATIONS DES RÈGLES CONSTITUTIVES DE FOND OU DE FORME.

Nous croyons bon de résumer, avant de nous occuper des effets de la nullité, les règles constitutives de fond qui doivent être observées sous peine de nullité.

La société anonyme sera nulle :

1° Si elle émet des actions ou coupures d'actions dont la valeur ne serait pas dans le rapport voulu avec le capital de constitution. (Art. 1 et 24.)

2° Si elle a été constituée avant la souscription du capital et le versement du quart dûment affirmé et constaté par la déclaration notariée du gérant ou des administrateurs. (Art. 1 et 24.)

3° Si les actions ou coupons d'actions nominatifs, en principe, et non négociables avant le versement du quart, étaient convertis en titre au porteur sans qu'il eût été satisfait aux conditions spécialement déterminées. (Art. 2 et 24).

4° Si les apports, autres qu'en numéraire et les

avantages particuliers n'avaient pas été vérifiés et approuvés par l'assemblée générale des actionnaires suivant le mode et la forme fixés par la loi. (Art. 4 et 24.)

5° Si les administrateurs et les commissaires pour la première année n'avaient pas été nommés par l'assemblée générale immédiatement après la constitution de la société. (Art. 5 et 25.)

6° Si la société s'est constituée avec un nombre d'associés inférieur à sept.

Nous avons déjà énuméré la série des formalités exigées pour la publication des sociétés; aussi, nous ne reviendrons pas sur ce point.

Nous allons nous occuper des responsabilités encourues pour l'inobservation des règles de *fond et de forme* de constitution des sociétés anonymes.

Aux termes du dernier paragraphe de l'article 56 : « Les formalités prescrites par l'article précédent et par le présent article, seront observées à peine de nullité, à l'égard des intéressés, mais le défaut d'aucune d'elles ne pourra être opposé aux tiers par les associés. » La nullité sera encourue non seulement dans le cas où toutes les formalités n'auraient pas été observées, ce qui serait une absence complète de publicité, mais encore dans le cas où l'une des formalités que nous venons d'énumérer aurait été omise. Ainsi, d'après l'article 56, il doit être justifié de la publication « par un exemplaire du journal certifié par l'imprimeur, légalisé par le maire et enregistré dans les trois mois de sa date. » La nullité sera donc encourue s'il n'est pas justifié de la publication selon le mode établi par la loi.

Nous nous occuperons d'abord des sanctions civiles, ensuite des sanctions pénales.

La première sanction consiste dans la nullité de la société. On s'est demandé si la nullité de l'article 42 du Code de Commerce reproduite dans le dernier paragraphe de l'article 56 de la loi de 1867, était absolue et ne pouvait être couverte par des actes d'exécution. La jurisprudence et la doctrine sont aujourd'hui d'accord pour reconnaître qu'il s'agit d'une nullité d'ordre public. Cette nullité a été établie dans l'intérêt de la sûreté générale du commerce pour contraindre d'une façon énergique à la publication et prévenir les fraudes possibles des associés. Dès lors, elle n'est susceptible d'aucune ratification expresse ou tacite. Les associés, par leur propre fait, ne peuvent couvrir une nullité qui n'est pas la garantie de leur intérêt exclusif. On ne serait pas fondé à accuser la loi de rigueur en présence d'une négligence si impardonnable. Il reste bien entendu que la nullité de la société, tout en étant d'ordre public, doit néanmoins être demandée en justice.

Un point plus controversé a été celui de savoir quelle base on devait suivre pour la liquidation lorsque la société avait eu une existence de fait pendant un certain temps. On admet aujourd'hui généralement que les stipulations du pacte social doivent servir de base à cette liquidation. Le contrat formé est licite. Le défaut de publication le frappe d'un vice purement extrinsèque qui, par suite, ne peut avoir pour résultat d'anéantir tous ses effets.

La publication est nécessaire : elle avertit les tiers de l'existence d'un être moral capable d'acquérir, de conférer des droits, mais elle n'est pas indispensable pour que des co-associés s'étant librement soumis à une convention déterminée, l'ayant volontairement exécutée, se trouvent obligés d'en subir les suites.

Cette société de fait entraînera les conséquences suivantes : les apports effectués par les associés, au lieu d'être repris par chacun d'eux pour la valeur qu'ils avaient lors de la mise en commun, comme cela aurait lieu si tout le passé était annihilé, seront liquidés comme une propriété indivise, et estimés selon leur valeur au moment du partage.

Si nous supposons que les opérations intervenues démontrent l'intention de donner à la communauté d'autres bases que celles édictées dans l'acte de société, la liquidation alors ne doit plus avoir lieu conformément au pacte social qui n'a pas été exécuté, mais conformément aux agissements qui ont constitué la société de fait.

Les auteurs ne s'accordent pas pour savoir quelle prescription il faut admettre, pour la demande en nullité d'une société irrégulièrement constituée. Certains auteurs veulent qu'on applique la prescription de l'article 1304 du Code Civil. M. Vavasseur s'exprime ainsi à ce sujet : « La loi, dit-il, aurait pu mi-« tiger sa sévérité en abrégeant la durée de l'action « en nullité. Un délai de deux ans eût été bien suffi-« sant pour tous les intéressés, mais en l'absence « d'une dérogation au droit commun, elle ne se pres-« crira que dix ans après la nullité commise, en sorte « qu'elle pourra être intentée pendant la durée d'un « grand nombre de sociétés ; il n'y a que celles dont « la durée sera de plus de dix ans qui auront le pri-« vilége de respirer enfin, en toute sécurité, après « ce temps écoulé. »

Dans un autre système, on dit que pas plus qu'une autre action, l'action en nullité ne saurait échapper à l'article 2262 du Code civil d'après lequel « toutes « les actions, tant réelles que personnelles sont pres-« crites par trente ans, sans que celui qui allègue « cette prescription soit obligé d'en rapporter un

« titre, ou même qu'on puisse lui opposer l'exception
« déduite de la mauvaise foi.

Dans un troisième système, et c'est celui que nous
préférons, on soutient que cette action est imprescriptible, parce qu'une société non publiée doit être
réputée légalement inexistante. Ce qui, selon nous,
est imprescriptible, c'est la nullité prise en elle-même.
Mais l'action qu'aurait un créancier à l'occasion d'engagements pris avec la société illégalement constituée, est assurément prescriptible.

Par qui et contre qui la nullité de la société anonyme pour inaccomplissement des conditions constitutives, soit de forme soit de fond, peut-elle être
recherchée? C'est dans l'article 42 du Code de
Commerce, reproduit dans la loi du 24 juillet 1867,
que nous trouvons la réponse à cette question.
L'article 42 disait « que ces formalités seront ob-
« servées à peine de nullité à l'égard des intéressés,
« mais le défaut d'aucune d'elles ne pourra être op-
« posé à des tiers par les associés. » Les associés
ne peuvent donc jamais invoquer la nullité de la
société contre les tiers, et on entend ici par tiers
ceux qui n'ont pas été partie à la convention, tels que
les créanciers sociaux et les créanciers personnels des
associés.

Nous allons maintenant examiner quel est le sens
du mot *intéressés*. Faut-il admettre que celui qui

aurait un intérêt quelconque à voir disparaître une société, pourrait en demander la nullité; un industriel, par exemple, pour écarter un concurrent, pourrait-il demander la nullité d'une société ayant pour but d'exploiter une entreprise similaire? Assurément non. Comme le dit très-judicieusement M. P. Pont, il faut un intérêt *juridique*, mais un intérêt juridique ne suffirait même pas s'il n'était pas légitime. Ainsi, Pierre a pris l'engagement de fournir à la société des matières premières dont elle a besoin pour l'exploitation de son industrie, moyennant une certaine somme que la société a promis de payer. Il s'aperçoit que la société est nulle pour un vice quelconque. N'ayant plus les garanties sur lesquelles il comptait, il a un intérêt à faire prononcer la nullité de la société pour être dégagé de son obligation.

Mais si la société a rempli les engagements qu'elle avait pris envers lui, Pierre n'aurait plus un intérêt légitime à invoquer la nullité, puisqu'il a retiré du contrat les avantages sur lesquels il pouvait compter.

Faut-il mettre au nombre des intéressés les associés eux-mêmes? La Cour de Paris dans un arrêt rendu le 5 août 1869 a décidé que les associés devaient être incontestablement compris au nombre des intéressés et pouvaient poursuivre la nullité de la société irrégulièrement constituée, lors même qu'ils n'auraient pas payé le montant intégral de leur mise.

Mais ils ne peuvent se prévaloir de la nullité qu'entre eux. Si la Cour a admis ce principe c'est moins dans l'intérêt des associés que dans un intérêt général ; il importe, en effet, de faire cesser un état de choses qui est contraire à la loi.

Les débiteurs sociaux, on le comprend, ne sont pas au nombre de ceux qui peuvent demander la nullité ; car ils n'ont aucun intérêt légitime à le faire, ils devront toujours payer ce qu'ils doivent Il en est autrement des créanciers qui dès qu'ils y ont intérêt peuvent demander la nullité.

On a longtemps hésité à reconnaître les créanciers personnels d'un associé comme étant des tiers inté-ressés. M. Bravard professait la négative. Selon lui, il serait contradictoire d'accorder aux créanciers personnels d'un associé le droit qu'on lui refuse à lui-même. La publication n'est pas faite en vue de ses créanciers. La loi ne s'occupe pas d'eux, mais seule-ment des tiers qui traitent avec la société. Cela est si vrai que les tiers ont à leur gré, le droit de faire considérer la société comme valable ou comme nulle. Or, les créanciers personnels n'auront jamais qu'un intérêt, c'est de demander la nullité. Un grand nombre d'auteurs et la jurisprudence sont d'une opinion contraire. En effet, il serait souverainement injuste de rendre les créanciers personnels d'un as-socié responsables d'une faute qu'ils ne peuvent pas se reprocher; seulement ils ne peuvent intenter leur action, qu'autant que leur créance a acquis date certaine pendant la durée de la société. Il en résulte donc que les créanciers personnels de chaque associé ont le droit de concourir dans la répartition de l'actif social avec les autres créanciers, sans qu'il y ait lieu de distinguer entre les apports sociaux et les bénéfices sociaux.

Nous allons examiner les effets de la nullité, par rapport aux créanciers vis-à-vis des associés par rapport aux différents créanciers entre eux et par rapport aux associés entre eux.

Les créanciers peuvent considérer la société illégalement constituée comme valable, ou en demander la nullité.Cela ressort indiscutablement du texte qui porte que les formalités et les mesures prescrites devront être observées à peine de nullité à l'égard des intéressés, et que le défaut d'aucune d'elles ne pourra être opposé aux tiers par les associés. Les créanciers ont, donc là, une arme à double tranchant. Mais les membres d'une société anonyme dans le cas où la société est déclarée nulle pour défaut de publicité, sont-ils obligés au delà même de leur mise? il a été décidé qu'en cas de nullité d'une société anonyme qui n'a été ni publiée, ni même constatée par aucun acte authentique ou

privé, aucun des associés ne peut réclamer la qualité d'actionnaire tenu seulement jusqu'à concurrence de son apport pour se soustraire à la solidarité des engagements pris au nom de la société; tous les associés dans ce cas se trouvent placés
sous l'empire d'une société qui ayant pour but des
opérations commerciales a pour effet de les rendre
responsables au même titre, c'est-à-dire solidairement des dettes de la société.

Si les créanciers sociaux admettent l'existence de
la société, peuvent-ils la faire déclarer en faillite?
Il semble que si on reconnaît l'existence de la société
toutes les conséquences de droit doivent en découler.
La jurisprudence a varié sur ce point. La Cour de
Paris a d'abord décidé qu'en pareil cas le droit des
créanciers sociaux se borne à faire déclarer en faillite
chacun des associés individuellement. « La mise
en faillite collective d'une simple association de fait,
dit la Cour, répugnerait à la nature d'une telle société, qui ne procédant pas du droit, ne saurait participer à la fiction purement légale en vertu de
laquelle une société, pour constituer un être moral distinct de l'individualité des associés, une
personne civile propriétaire de l'actif social et
tenue du passif social, est essentiellement soumise
à la condition de publicité réglée par la loi. (Paris,
3 mars 1870).

La Cour n'a pas tardé à revenir sur sa décision ; elle a jugé, en effet, qu'une société anonyme, nulle faute de publicité et de versement du quart du capital social, n'est pas moins susceptible d'être mise en faillite comme société de fait, dès qu'il y a un passif social et cessation de payement. (Paris, le 3 février 1872.)

La Cour de cassation a consacré cette solution en jugeant que c'est au tribunal du lieu où une société a son principal établissement que doit être déclarée la faillite de cette société, alors même qu'elle n'aurait pas d'existence régulière, par suite de l'inaccomplissement des formalités prescrites par la loi. (15 mars et 29 juin 1875.)

Si au contraire, les créanciers de la société préfèrent en demander la nullité, ils devront agir contre chacun des associés, jusqu'à concurrence de sa part dans le fonds commun.

Nous arrivons aux différents rapports qui existent entre les créanciers de la société, et les créanciers personnels des associés. La jurisprudence a reconnu constamment aux créanciers personnels des associés le droit de demander la nullité d'une société qui n'a pas rempli les formalités légales. On a pu hésiter, un moment, à accorder ce droit à cette classe de créanciers, mais comme nous l'avons déjà expliqué, il est évident qu'ils rentrent au nombre des intéressés dont parle l'article 56. Ainsi, lorsque la nullité de la société a été demandée par un créancier personnel, il est donc hors de doute que le privilége des créanciers sociaux, s'évanouit ; on a été plus loin, on a voulu que les créanciers personnels fussent payés de préférence. Cela nous semble impossible, car comme le dit l'article 2093 du Code civil : « Les biens du débiteur sont le gage commun de ses créanciers et le prix s'en distribue entre eux par contribution à moins qu'il n'y ait entre les créanciers des causes légitimes de préférence. » Nous ne voyons de causes de préférence que celles établies au titre des priviléges et hypothèques. D'ailleurs, la plupart des arrêts ont jugé dans le sens de l'égalité parfaite entre les créanciers sociaux et les créanciers personnels.

Les créanciers personnels peuvent-ils se prévaloir de la nullité de la société, à l'encontre des créanciers sociaux? La jurisprudence répond affirmativement. En effet, ils sont aux rang des intéressés, et peuvent provoquer la nullité en leur nom, et, cette conséquence n'a rien de contraire à l'équité, car les créanciers sociaux sont en faute de ne s'être pas assurés de l'exact accomplissement des formalités, avant d'avoir traité avec la société.

Par rapport aux associés, les effets de la nullité

varient selon l'état des choses au moment où elle est demandée. Suivant une opinion, la nullité de la société pour défaut de publicité de l'acte de société, ne peut être invoquée entre les associés. Mais l'opinion contraire a prévalu et il a été décidé que cette nullité pouvait être opposée entre associés, qu'elle était d'ordre public et que l'exécution volontaire du contrat n'empêchait pas de l'invoquer. Il faut distinguer d'abord, le cas où la nullité est déclarée avant tout fonctionnement de la société, et le cas où la société ayant commencé ses opérations, malgré le vice de sa constitution, la nullité a été prononcée dans la suite. Dans le premier cas, on doit appliquer la règle d'après laquelle ce qui est nul ne peut produire aucun effet. Dès le début, je suppose, un associé s'apercevant que la société est entachée d'un vice de forme ou de fond qui la rend nulle, ne veut pas rester dans une société que tout intéressé, à chaque instant, peut rompre. Il est évident que tout doit se passer comme s'il n'y avait jamais eu d'association.

Dans la seconde hypothèse, la nullité ne rétroagit pas, elle n'a d'effet que pour l'avenir, la société doit être considérée comme ayant eu une existence de fait, impliquant la nécessité de régler et de liquider les rapports respectifs qu'elle a créés entre les associés. La doctrine et la jurisprudence admettent sans difficulté cette nécessité. Quant au passé, il doit être

liquidé conformément aux stipulations de l'acte constitutif. Ainsi la nullité déclarée est en réalité l'équivalent d'une dissolution ; la suite et les effets doivent être exactement les mêmes que s'il s'agissait
d'une société régulièrement organisée. Les associés
qui ont fait des apports doivent-ils les reprendre, tels
qu'ils se trouvent au moment où la nullité est prononcée ? Nous appliquerons, en ce cas, la règle générale et nous partagerons les mises sociales selon
les conditions fixées dans le contrat constitutif.
M. Troplong s'exprimait ainsi, à ce sujet : « Puis-
« qu'on est forcé, disait-il, par une irrésistible né-
« cessité d'adopter la société comme fait, il faut
« prendre le fait dans sa plénitude, il ne faut pas le
« scinder capricieusement, il ne faut pas en accepter
« telle partie et en rejeter telle autre, qui a été un
« de ses éléments essentiels ; sans quoi la bonne foi
« est blessée et l'on procure un profit injuste à celui
« qui n'est pas moins coupable que son adversaire
« pour n'avoir pas observé les formalités légales. »
Terminons l'étude des effets de la nullité entre associés en disant qu'il y a des clauses spéciales dont
il n'y a pas à tenir compte. D'abord, on ne doit pas
s'occuper des clauses illicites et contraires à la loi,
ensuite de celles qui créeraient des droits et des obligations ne dérivant pas nécessairement de la société.
La Cour de cassation a jugé, en effet, que la nullité

d'une société de commerce pour défaut de publication de l'acte de société entraîne la nullité de la clause pénale par laquelle les administrateurs s'étaient interdit, sous peine de dommages-intérêts déterminés, la faculté de faire partie d'aucune autre association de même nature et qu'ainsi on ne peut après l'annulation de la société se prévaloir de cette clause pénale contre les anciens administrateurs qui y auraient contrevenu. (Cassation, 4 juillet 1853.)

Quant aux responsabilités civiles, la loi de 1867, a reproduit les dispositions de la loi du 23 mai 1863, sur les sociétés à responsabilité limitée. D'après l'article 42 de la loi de 1867, il est dit que « lorsque la nullité de la société ou des actes et délibérations a été prononcée *aux termes précédents* les fondateurs auxquels la nullité est imputable, et les administrateurs en fonctions, au moment où elle a été encourue, sont responsables solidairement envers les tiers, sans préjudice des droits des actionnaires ; la même responsabilité solidaire peut être prononcée contre ceux des associés dont les apports ou les avantages n'auraient pas été vérifiés et approuvés conformément à l'article 24. » Cet article 42, contient une inexactitude, car, si on se reporte à l'article 41 dont il est ici question, on s'aperçoit que cet article parle uniquement de la nullité de la société pour vices de constitution et nullement de la nullité des actes et délibérations.

Sont donc responsables les fondateurs qui ont constitué une société contrairement aux prescriptions indiquées dans les articles 22, 23, 24 et 25. Une difficulté pourrait résulter de l'article 42 qui n'a pas défini ce que la loi entendait par fondateur. Nous croyons utile de donner quelques explications supplémentaires sur le sens de ce mot, tel que la loi le comprend : les fondateurs sont ceux qui créent l'entreprise, dressent les statuts, réunissent les premières assemblées d'actionnaires et font appel aux capitaux. Mais on ne pourrait pas assimiler aux fondateurs les personnes qui ont seulement concouru à constater les souscriptions et les versements fictifs, il peut seulement exister une action en responsabilité contre ces personnes pour les faits ci-dessus indiqués.

Les fondateurs auxquels la nullité est imputable, et, les administrateurs en fonctions au moment où elle a été encourue, selon l'opinion de M. Alauzet (*Commentaire des Sociétés civiles et commerciales*), semblent être confondus dans une responsabilité solidaire à raison des mêmes faits. Ce n'est pas ainsi que la loi nous paraît devoir être entendue ; les fondateurs solidairement d'un côté, et les administrateurs de l'autre, et solidairement aussi, répondront des seuls faits qui peuvent être respectivement imputés, soit aux uns, soit aux autres. Ainsi, les fondateurs ne sont pas responsables de la nullité de la société résultant du défaut ou de l'insuffisance de publications à l'origine de la société ou au cours de la société. Au moment, en effet, où les publications doivent être faites, la Société est constituée ; le rôle des fondateurs a pris fin, celui des administrateurs a commencé : Les administrateurs sont donc seuls responsables de cette nullité. Mais doit-on admettre, par réciprocité, que la nullité résultant de l'inobservation des formalités exigées pour la constitution de la société pèsera seulement sur les fondateurs et non sur les administrateurs.

MM. Mathieu et Bourguinat (*Commentaire de la loi de 1867*), se prononcent pour l'affirmative.

La Cour de cassation, saisie de la question, a admis la responsabilité solidaire dans un arrêt que nous croyons utile de reproduire : « Sur les troi-« sième et quatrième moyens invoqués et tirés de « la fausse application de l'article 25 de la loi « du 23 mai 1863, en ce que l'arrêt attaqué a « déclaré solidairement responsables les sieurs « Louis Césard et Lucassin d'une nullité qui ne « leur était pas imputable, et, n'a pas limité leur « responsabilité au préjudice réellement causé par le « défaut de versement en numéraire du quart du « capital social. Attendu qu'il résulte des termes « mêmes des articles 5 et 25 de la loi du 23 mai « 1863, que lorsque la nullité d'une société à respon-« sabilité limitée a été prononcée à raison du non

« versement du quart du capital social, les fonda-
« teurs auxquels la nullité est imputable et les admi-
« nistrateurs en fonctions au moment où elle a été
« encourue sont conjointement et solidairement res-
« ponsables envers les tiers ; — Attendu qu'il est
« établi que les déclarations inexactes des fondateurs
« sur la formation du capital social de la société des
« crédits généraux de Saint-Nazaire ont été soumises
« le 15 février 1865, à la première assemblée géné-
« rale des actionnaires par Louis Césard, l'un des
« fondateurs et que Lucassin et le même Louis Cé-
« sard ont été nommés administrateurs par la même
« assemblée générale ; qu'ils étaient donc en fonc-
« tions, au moment de la constitution vicieuse de
« la société ; que c'est donc à bon droit qu'ils ont
« été déclarés responsables solidairement de la nullité
« à laquelle ils avaient concouru, l'un, comme admi-
« nistrateur, l'autre en sa double qualité de fondateur
« et d'administrateur ; — Attendu que les fonda-
« teurs et les administrateurs auxquels la nullité de
« la société est imputable, en sont déclarés, par la
« loi, responsables envers les tiers, qu'il s'en suit
« qu'ils se trouvent ainsi substitués à l'être moral
« qui, par leur faute ou leur négligence, est reconnu
« n'avoir pas d'existence légale, et sont tenus des
« mêmes obligations, que la Cour de Paris n'a donc
« pas fait une fausse application de la loi, en les dé-

« clarant responsables de toutes les dettes sociales,
« sous la seule déduction de l'actif pouvant être réa-
« lisé. » (27 février 1873.)

Nous suivons l'opinion de la Cour suprême. Les
administrateurs ont, dans ce cas, un double devoir à
remplir, non seulement de suivre les prescriptions
que la loi leur impose, mais encore de vérifier si les
fondateurs n'ont rien omis ou rien fait d'illégal.
S'ils n'étaient pas déclarés conjointement et solidairement responsables, une entente pourrait s'établir
entre les fondateurs et les premiers administrateurs
qui enlèverait le recours légitime auquel les associés
et les tiers peuvent prétendre en réparation des dommages qui leur ont été causés.

D'après le paragraphe 2 de l'article 42, sont également responsables ou peuvent être déclarés responsables, les associés dont les apports ou les avantages particuliers n'auraient pas été vérifiés et
approuvés, conformément à l'article 24. Mais leur
responsabilité est engagée seulement, dans le cas où
la nullité de la société résulte de l'inobservation des
prescriptions de la loi relatives à la vérification et à
l'approbation des apports ou des avantages. C'est
l'application aux sociétés anonymes de la règle posée
par l'article 8 pour les sociétés en commandite par
actions.

Remarquons la différence existant, quant à la

responsabilité, entre la nullité de la société pour vice de constitution ou de publicité ; et la nullité résultant de ce que les associés n'ont pas suivi les prescriptions légales pour la vérification des apports et des avantages particuliers. Dans le premier cas, la loi dit : « les fondateurs et les administrateurs *sont responsables*, » Ainsi les tribunaux ne peuvent pas se dispenser d'accueillir l'action en responsabilité s'ils reconnaissent l'existence d'une faute dommageable. Dans le second, elle dit : « la responsabilité *peut être prononcée...* » L'application de la sanction, en ce qui concerne les associés qui ont fait des apports ou qui ont stipulé des avantages, est donc purement facultative.

Lorsque la responsabilité est encourue vis à vis des créanciers sociaux, s'ensuit-il que la condamnation doive profiter à tous ? Cette hypothèse s'était présentée pour une société à responsabilité limitée, à propos de l'article 25 de la loi du 23 mai 1863. Aujourd'hui elle revient à propos de l'article 42 de la loi de 1867. La Cour de Paris (28 mai 1869) a jugé que la responsabilité profitait indistinctement à tous les créanciers, soit qu'ils aient connu ou non la cause de nullité, soit même qu'ils aient pris part aux actes qui l'ont entraînée.

L'action en responsabilité appartient aussi aux actionnaires ; ils peuvent agir, soit en masse, comme représentants de la société, soit individuellement si le préjudice que leur cause l'annulation de la société n'est pas le même pour tous, par exemple, s'ils avaient acquis leurs actions à des prix différents. La Cour de cassation a consacré formellement ce droit; elle a jugé que les fondateurs d'une société irrégulière et les administrateurs en fonctions lors de la constitution sont responsables envers l'actionnaire qui a acheté des actions sur la foi des déclarations mensongères par eux faites quant au versement du quart, et l'étendue de cette responsabilité peut être fixée au remboursement du prix d'achat des actions, et cela avec solidarité (30 décembre 1872). Mais si les actionnaires ont quelques fautes à se reprocher, surtout s'ils étaient entrés dans la société en connaissant sa situation irrégulière, ils peuvent être déclarés non recevables dans leur action en responsabilité, ou bien l'étendue de leur demande être restreinte. Il a été, en effet, jugé (11 août 1872), dans ce cas, que les fondateurs et les administrateurs étaient tenus au remboursement, non de la valeur nominale des actions, mais seulement de leur prix d'achat, avec intérêt du jour de la demande et non du jour du paiement du prix.

Mais tel n'a pas été l'avis de la Cour de cassation qui, par un arrêt du 13 mars 1876, maintenait un arrêt de la Cour de Bordeaux du 9 mars 1874, qui

étendait la responsabilité des fondateurs et des administrateurs à toutes les dettes sociales, par les motifs
suivants : « Attendu qu'en soumettant la formation
« des sociétés à des formalités strictement tracées, et
« en imposant aux fondateurs et aux administrateurs
« le devoir de veiller à l'observation des règles qu'elle
« édictait, la loi a dû donner à ses dispositions une
« sanction efficace, et proportionner sa sévérité à
« l'importance du but qu'elle voulait atteindre ; que
« si le législateur s'était borné à reconnaître que les
« fondateurs et les administrateurs de la société
« étaient tenus de réparer le préjudice occasionné
« par leur faute, cette responsabilité de droit com-
« mun n'aurait pas besoin d'être édictée ; qu'en les
« déclarant responsables envers les tiers, après avoir
« dit que la société irrégulièrement constituée par
« leur faute était nulle et de nul effet, la loi a évidem-
« ment voulu leur imposer une responsabilité plus
« étendue que la responsabilité ordinaire, attendu
« que cette responsabilité doit, en vertu de son
« principe, s'étendre à la totalité des dettes sociales ;
« qu'en effet, les fondateurs et les administrateurs
« étant responsables de la nullité de la société, se
« trouvent substitués à l'être moral qui, par leur
« faute, est reconnu n'avoir pas d'existence légale,
« et sont tenus des mêmes obligations ; attendu que
« cette interprétation résulte des termes de la loi ;

« qu'en effet, après avoir dit que les fondateurs

« sont solidairement responsables envers les tiers,

« l'article 42 ajoute : « sans préjudice des droits des

« actionnaires, » ce qui implique que les tiers et les

« actionnaires ont des droits différents; attendu que

« cette interprétation trouve encore sa confirmation

« dans le rapprochement de l'article 42 avec l'ar-

« ticle 44, aux termes duquel les administrateurs

« sont responsables, conformément aux règles du

« droit commun, envers la société et envers les tiers,

« soit des infractions aux dispositions de la loi, soit

« des fautes commises pendant leur gestion; qu'il

« ressort de la différence des termes employés dans

« les deux articles que le législateur a en vue des

« hypothèses différentes; que, dans le cas où les fon-

« dateurs et les administrateurs, méconnaissant les

« devoirs qui leur sont imposés ont commis une

« irrégularité entraînant la nullité de la société, il

« les rend responsables de toutes les dettes sociales;

« que si au contraire, la société ayant été régulière-

« ment constituée, les administrateurs ont, dans l'ac-

« complissement de leur mandat, commis une faute

« entraînant un préjudice pour la société ou pour les

« tiers, ils doivent le réparer conformément aux prin-

« cipes du droit commun. »

Il faut se reporter à la discussion de l'article 42,
devant le Corps législatif, pour bien en comprendre

la portée et pour savoir si l'arrêt ci-dessus cité interprète exactement la volonté du législateur. On avait d'abord soumis au Corps législatif une proposition par laquelle la responsabilité était nettement étendue à tout le passif social : les administrateurs sont responsables « de la totalité des dettes sociales, » le Corps législatif modifia la proposition et dit : « Les « administrateurs sont responsables, » et selon la Cour, les deux rédactions auraient le même sens ? On répond, il est vrai, que l'associé est personnellement tenu de tous les engagements sociaux. Mais il n'est pas dit, dans l'article 42, que les fondateurs et les administrateurs *sont associés responsables*. Cet article dit simplement qu'ils sont *responsables*.

La question de savoir si c'est une responsabilité ordinaire limitée au dommage causé, ou une responsabilité exceptionnelle comprenant tout le passif social, reste donc entière.

La Cour tire un de ses principaux arguments du rapprochement des articles 42 et 44. L'article 44 ne s'occupe que des administrateurs pour les déclarer responsables, conformément aux règles du droit commun, individuellement ou solidairement suivant le cas, envers la société ou envers les tiers, des infractions aux dispositions de la loi et des fautes commises dans leur gestion.

L'article 42 parle non seulement de la responsa-

bilité des administrateurs, mais encore de celle des
fondateurs et des associés dont les apports en nature
ou les avantages particuliers n'auraient pas été vérifiés et approuvés. On voit donc, par là, que les articles 42 et 44 ne font pas double emploi ; quant à ce
qui concerne les administrateurs, les deux articles
s'appliquent à des cas différents : le premier édicte
une responsabilité qui s'écarte du droit commun en
ce qu'elle est nécessaire et solidaire ; dans le second
au contraire, la responsabilité est de droit commun
et le juge est maître de la rendre individuelle ou
solidaire suivant le cas ; il n'est donc nullement besoin de voir la responsabilité indéfinie de toutes les
dettes sociales, dans le premier, pour concevoir la
coexistence des deux dispositions. Bien peu, comme
on le voit, des motifs donnés par la Cour de Bordeaux
résistent à un examen approfondi et nous partageons l'opinion des auteurs qui ne trouvent dans
l'article 42 qu'une responsabilité ordinaire, obligeant
les personnes déclarées responsables vis-à-vis des
tiers, dans la mesure exacte du préjudice que la
faute a causé.

CHAPITRE VIII.

SANCTIONS PÉNALES.

Nous nous sommes jusqu'ici occupé seulement des responsabilités civiles ou pécuniaires, le législateur de 1867 n'a pas cru, à juste titre, que c'était suffisant, aussi il a édicté une série de peines et d'amendes pour assurer l'exacte observation de ses prescriptions. Il n'a fait en cela qu'imiter la loi de 1856, sur les sociétés en commandite par actions, et celle de 1863 sur les sociétés à responsabilité limitée. Ces dispositions furent de la part de quelques membres du Corps Législatif l'objet de vives critiques ; ils auraient voulu que ces pénalités fussent reportées au Code pénal. Les mêmes idées ont été émises par plusieurs auteurs et notamment par M. de Courcy, qui s'exprime à ce sujet de la manière suivante : « Il est toujours fâcheux de faire des lois répressives » mêlées à des lois d'affaires et en dehors du Code « pénal. Il serait à souhaiter que la loi sur les so- « ciétés ne prononçât que de simples amendes pour « des contraventions, afin de garantir par là d'une « manière beaucoup plus efficace, le respect des dis-

« positions considérées comme organiques. Quant
« aux fraudes et aux friponneries, le Code pénal de-
« vrait y avoir pourvu en matière de société comme
« en tout autre matière, et c'est faire la critique du
« Code pénal que de se croire obligé de définir des
« délits nouveaux. » La Commission du Corps Législatif en réponse à ces critiques dit qu'il était « non
« seulement impossible, mais inopportun de ren-
« voyer au Code pénal les dispositions répressives
« du projet, impossible parce que le Corps Législatif
« n'est pas saisi de modifications du Code pénal ;
« inopportun parce que la peine placée à côté de
« l'obligation donne à celle-ci une autorité nouvelle
« et en garantit mieux l'observation. »

Les sanctions pénales édictées par la loi de 1867,
sont renfermées dans les articles 13, 14, 15 et 16.
Nous pensons utile de donner le texte de ces articles.

Art. 13. — L'émission d'actions ou de coupons
d'actions d'une société constituée contrairement aux
prescriptions des articles 1, 2 et 3 de la présente
loi est punie d'une amende de 500 fr. à 10,000 fr.

Sont punis de la même peine : le gérant qui commence les opérations sociales avant l'entrée en fonctions du conseil de surveillance ;

Ceux qui, en se présentant comme propriétaires d'actions ou de coupons d'actions qui ne leur appar\tien-
nent pas, ont créé frauduleusement une majorité

factice dans une assemblée générale, sans préjudice de tous dommages-intérêts, s'il y a lieu, envers la société ou envers les tiers ;

Ceux qui ont remis les actions pour en faire l'usage frauduleux.

Dans les cas prévus par les deux paragraphes précédents, la peine de l'emprisonnement de 15 jours à 6 mois peut, en outre, être prononcée.

ART. 14. — La négociation d'actions ou de coupures d'actions dont la valeur ou la forme serait contraire aux dispositions des articles 1, 2 et 3 de la présente loi, ou pour lesquels le versement du quart n'aurait pas été effectué conformément à l'article 2 ci-dessus, est punie d'une amende de 500 francs à 10,000 francs.

Sont punies de la même peine toute participation à ces négociations et toute publication de la valeur desdites actions.

ART. 15. — Sont punis des peines portées par l'article 405 du Code pénal, sans préjudice de l'application de cet article à tous les faits constitutifs des délits d'escroqueries :

1° Ceux qui, par simulation de souscription ou de versement ou par publication faite de mauvaise foi, de souscriptions ou de versements qui n'existent pas, ou de tous autres faits faux, ont obtenu ou tenté d'obtenir des souscriptions ou des versements;

2° Ceux qui, pour provoquer des souscriptions ou des versements ont, de mauvaise foi, publié les noms de personnes désignées, contrairement à la vérité, comme étant ou devant être attachées à la société à un titre quelconque;

3° Les gérants qui, en l'absence d'inventaire ou au moyen d'inventaire frauduleux, ont opéré entre les actionnaires la répartition de dividendes fictifs.

Les membres du conseil de surveillance ne sont pas civilement responsables des délits commis par le gérant.

Art. 16. — L'article 463 du Code pénal est applicable aux faits prévus par les trois articles précédents.

Ces dispositions écrites dans le titre des sociétés en commandite sont étendues, par l'article 45, aux sociétés anonymes, « sans distinction entre celles qui sont actuellement existantes (1867) et celles qui se constituent sous l'empire de la présente loi. Les administrateurs qui, en l'absence d'inventaire ou au moyen d'inventaire frauduleux auront opéré des dividendes fictifs, seront punis de la peine qui est prononcée dans ce cas par le n° 3 de l'article 15, contre les gérants des sociétés en commandite. »

Il faut remarquer que parmi ces dispositions il y en a qui ne s'appliquent pas à la constitution, mais au fonctionnement des sociétés anonymes et que par conséquent nous laisserons de côté pour le moment.

Les faits énoncés dans le premier paragraphe de l'article 13 étaient prévus par l'article 11 de la loi de 1856, de plus, sous l'empire de cette loi, un emprisonnement de huit jours à six mois pouvait être prononcé. Il est étonnant que l'article 13 n'ait pas visé l'article 4, qui traite, comme on sait, de la vérification des apports en nature et des avantages particuliers, et semble ainsi autoriser l'émission d'actions avant que la société soit constituée. Le cas, il est vrai, est exceptionnel, mais néanmoins il peut se réaliser; aucune peine ne pourrait donc être prononcée, il n'y aurait lieu qu'à une action en responsabilité civile.

Le simple fait d'ouverture d'une souscription publique d'actions et de remise aux souscripteurs d'un récépissé provisoire de versement, n'a pas le caractère d'émission d'actions d'une société anonyme non définitivement constituée par la souscription de la totalité du capital social, les récépissés peuvent donc être au porteur quoique l'action souscrite ne soit pas entièrement libérée. (Cassation, 8 février, 1861.)

L'article 14 est la reproduction de l'article 12 de la loi de 1856. Il punit d'abord la négociation d'actions ou de coupons d'actions dont la valeur ou la forme serait contraire aux dispositions des articles 1, 2 et 3, et pour lesquels le versement du quart n'aurait pas été effectué. Il ne s'agit que de la négociation des actions par voie commerciale et non par les modes du droit civil.

La seconde infraction prévue et punie par l'article 14 est la participation aux négociations prohibées. La loi a voulu par là, atteindre deux catégories de personnes : le cessionnaire et les intermédiaires tels que les banquiers, agents de change.

La troisième infraction est la publication de la valeur des actions dont la négociation est interdite. Quant au mode de publication interdit, il est impossible de rien déterminer tant est générale l'expression de la loi. Il n'y a qu'à se reporter au texte que nous avons donné pour voir quelles sont les peines infligées dans ces différentes hypothèses.

Les trois paragraphes que renferme l'article 15 se trouvaient dans l'article 13 de la loi de 1856 et 31 de la loi de 1863. Le premier paragraphe prévoit la simulation et la publication, faite de mauvaise foi, de souscriptions ou de versements, ou la publication de tous autres faits faux. Le second paragraphe spécifie en disant que la publication des noms de personnes désignées contrairement à la vérité comme étant ou devant être attachées à la société à un titre quelconque, est soumise comme les faits ci-dessus énoncés, aux peines portées par l'article 405 du Code pénal, sans préjudice des peines pour le délit d'escroquerie.

Le troisième numéro a trait aux dividendes fictifs.

Une remarque importante à faire sur cet article, c'est que la loi assimile d'une manière complète la simple tentative au délit même. Il n'importe, pour l'application de la peine, que la manœuvre ait réussi ou qu'il n'en soit résulté aucune souscription ni aucun versement.

Deux questions ont été agitées à l'occasion de la portée des dispositions pénales que nous venons d'expliquer. On s'est demandé d'abord si ces dispositions pénales régissaient les sociétés d'assurances sur la vie demeurées soumises à l'autorisation du gouvernement, ensuite si elles étaient applicables aux sociétés civiles qui ont pris la forme de l'anonymat. La loi de 1867, en supprimant l'autorisation préalable et la surveillance du gouvernement pour les sociétés anonymes, a remplacé les garanties par un ensemble de mesures qui ont pour but de régler minutieusement la constitution et le fonctionnement des sociétés anonymes. De là, on peut conclure que pour les sociétés d'assurances sur la vie qui restent soumises à l'autorisation du gouvernement, le législateur n'a pas voulu déroger au droit commun et les laisse en dehors de la loi de 1867. La Cour de cassation à consacré cette opinion par un arrêt rendu le 28 novembre 1873.

Quant à la seconde question, on est généralement d'accord pour reconnaître que les dispositions pénales de la loi de 1867 ne sont pas applicables aux sociétés civiles qui ont revêtu la forme anonyme.

C'est de la discussion au Corps législatif que l'on tire le principal argument de cette opinion. M. Seydoux et sept autres députés avaient proposé un article ainsi conçu :

« Les dispositions qui précèdent sont applicables
« aux sociétés civiles, charbonnières ou autres, qui
« se constitueraient dorénavant, soit sous la forme
« de sociétés en commandite par action, soit sous la
« forme de sociétés anonymes. »

« Les sociétés actuellement existantes sous l'une
« ou l'autre de ces formes sont tenues de se con-
« former auxdites dispositions dans le délai de six
« mois, à partir de la promulgation de la présente
« loi, sous peine de tous dommages et intérêts pour
« les administrateurs ou gérants envers les parties
« intéressées. »

La commission ne prit pas en considération cet amendement; le motif principal de son rejet fut la promesse faite par les commissaires du Gouvernement de présenter dans un délai très-court un projet de loi sur les sociétés civiles. On peut donc conclure de cet incident que la loi de 1867 n'est pas applicable aux sociétés civiles. La jurisprudence, d'ailleurs, s'est prononcée dans ce sens.

DEUXIÈME PARTIE

DE L'ADMINISTRATION ET DU FONCTIONNEMENT
DES SOCIÉTÉS ANONYMES

Dans la seconde partie de notre travail nous nous occuperons :

Chapitre Ier. De l'administration et des administrateurs.

—   II. Des commissaires de surveillance.

—   III. Des assemblées d'actionnaires.

—   IV. De la responsabilité générale pendant le cours de la société.

CHAPITRE Ier.

DE L'ADMINISTRATION ET DES ADMINISTRATEURS

Le premier paragraphe de l'article 22 de la loi de 1867, a été emprunté au dernier alinéa de l'article 1er de la loi de 1863, qui n'était lui-même que la reproduction de l'article 31 du Code de Commerce, au terme duquel l'administration de la société pouvait être confiée à un ou à plusieurs mandataires à temps, révocables, salariées ou gratuits, associés ou non associés. L'innovation de la loi de 1863, reproduite dans celle de 1867, est l'obligation pour les actionnaires de prendre les administrateurs parmi les associés seulement. Ainsi la loi nouvelle est moins libérale que ne l'était le Code de Commerce. Quant au nombre d'administrateurs à élire, la loi laisse l'assemblée des actionnaires complètement libre sur ce point. Cela dépendra de l'importance de la société et les statuts repartiront entre les administrateurs le travail et le pouvoir.

C'est à tous les actionnaires réunis en assemblée qu'appartient le droit de nommer les administrateurs ;

cependant il y a une exception à cette règle, et nous la trouvons énoncée dans le troisième alinéa de l'article 25, « ils peuvent être désignés par les statuts avec stipulation formelle que leur nomination ne sera point soumise à l'assemblée générale des actionnaires. En ce cas, ils ne peuvent être nommés pour plus de trois ans. » Le rapporteur de la loi s'exprimait de la façon suivante sur cette dérogation au principe général. « Les fondateurs d'une société ont un intérêt moral et matériel à diriger ses premiers pas, d'où dépend souvent son avenir, s'ils ont fait l'apport, s'il s'agit d'une industrie, d'un commerce qu'ils ont créés, comment leur refuser raisonnablement le droit d'en assurer la marche ? Rarement une société à ses débuts, songera, là même où toute liberté serait laissée aux actionnaires, à s'affranchir d'une tutelle nécessaire, en écartant ceux qui mieux que d'autres, semblent propres à les conduire au succès. Mais il faut prévoir même ce qui semble impossible et nous avons considéré comme une faculté légitime le droit accordé aux fondateurs de désigner pour une durée de trois années, les premiers administrateurs de la société. »

Si, pendant le cours des opérations sociales, il vient à se produire une vacance dans le sein du conseil d'administration, les statuts autorisent généralement les administrateurs à élire un nouveau membre en remplacement de celui décédé; ce choix bien entendu, devra être ratifié dans la suite par l'assemblée des actionnaires. Cette clause est licite et d'une utilité incontestable puisqu'elle permet de pourvoir aux besoins du service.

Citons quelques exceptions apportées pour certaines sociétés à la liberté dont jouissent les actionnaires de choisir leurs administrateurs : le Gouvernement nomme le gouverneur et les deux sous-gouverneurs de la Banque de France ainsi que ceux du Crédit foncier. Ces gouverneurs et sous-gouverneurs ont le droit de nommer et de révoquer les agents de la société, ils président les assemblées des actionnaires qui ont les mêmes pouvoirs que celles des sociétés anonymes ordinaires; elles nomment les autres membres du Conseil d'administration. Cette mesure exceptionnelle est justifiée par le patronage sous lequel ces sociétés sont placées, elles jouissent de certains priviléges, il est donc juste que l'Etat exige son intervention dans leur administration. Un décret du 8 mars 1848 renferme des dispositions analogues pour le Comptoir d'escompte.

Les administrateurs sont les mandataires de la société, mais ce sont des mandataires à temps ; en effet, ils ne peuvent être nommés pour plus de six ans, mais ils sont toujours rééligibles, néanmoins la rééligibité peut avoir été prohibée par les statuts,

car l'article 25 dit qu'ils sont rééligibles *sauf stipulations contraires.*

Cette clause de non rééligibilité sera rarement insérée dans les statuts, elle serait contraire aux intérêts de la société. En effet, pour une bonne gestion,
il faut un personnel fixe, bien au courant des affaires
sociales, suivant et connaissant les détails d'opérations qui sont presque toujours de longue haleine.

Les statuts peuvent-ils stipuler que les administrateurs ne seront pas révocables? La Cour de cassation a décidé que la révocabilité des administrateurs a le caractère d'une règle d'ordre public à laquelle il ne peut être dérogé et qu'il n'est pas permis
de réserver par les statuts aux tribunaux le pouvoir
de contrôler les causes de révocation et d'allouer des
dommages-intérêts à l'administrateur qui estimerait
avoir été révoqué sans motifs légitimes (30 avril 1878.)

Les administrateurs sont donc révocables *ad nu-
tum* par la société, mais de leur côté, ils peuvent,
comme tout mandataire (art. 2007, Code civil),
renoncer à leur mandat. Ils n'ont pas besoin de mo-
tiver les causes de leur renonciation; cependant cette
renonciation ne doit pas être intempestive, c'est-à-
dire faite à un moment où elle nuirait aux intérêts
de la société.

Les fonctions d'administrateurs peuvent être salariées ou gratuites : cette disposition est importante,

car le jour où leur responsabilité sera mise en jeu, elle sera, selon l'article 1992 du Code civil, appréciée plus ou moins sévèrement suivant qu'ils auront été mandataires gratuits ou salariés.

Il y a certaines professions incompatibles avec les fonctions d'administrateurs ; par exemple, celle de notaire (Ordonnance du 14 janvier 1843), celle de militaire (Ordonnance du 21 décembre 1869). Il y en aurait encore d'autres à mentionner.

Les administrateurs peuvent choisir parmi eux un directeur ou, si les statuts le permettent, se substituer un mandataire étranger à la société dont ils sont responsables envers elle. (Paragraphe II, article 22.)

Les administrateurs peuvent donc choisir parmi eux un directeur qui recevra de ses collègues la délégation d'une partie des pouvoirs qui appartiennent au conseil d'administration. Il reste néanmoins soumis à la responsabilité collective dont l'article 44 frappe tous les administrateurs et qui ne peut être modifié parce qu'il a le titre de directeur. Il peut aussi encourir une responsabilité toute personnelle en raison des actes qu'il accomplit dans l'exercice de ses fonctions : les administrateurs pourront aussi être poursuivis comme responsables du mauvais choix qu'ils ont fait. Cette désignation du directeur parmi les membres du conseil n'est pas habituelle.

« Elle est très-exceptionnelle, dit M. Alfred de Courcy, elle est péremptoiremeut interdite par les statuts d'un grand nombre de Sociétés anonymes.

« Presque toujours, le directeur, tantòt nommé par l'assemblée des actionnaires, tantôt désigné par le conseil d'administration, est lui-même en dehors du conseil et n'y entre qu'avec voix consultative Le conseil en a plus d'autorité pour faire exécuter ses décisions, plus d'indépendance pour surveiller la gestion d'un agent qui n'est pas un collègue, qui ne vote pas dans sa propre cause, et dont le conseil peut être amené à mettre en délibération, le maintien ou le remplacement. »

L'article 31 du Code de Commerce, permettait que la société anonyme fût administrée par un mandataire non associé. Cet article a été abrogé, comme nous l'avons déjà fait remarquer.

La loi de 1867 exige que les administrateurs soient associés, mais elle leur permet de se substituer un mandataire étranger à la société dont ils seront responsables. La commission du Corps législatif s'expliqua ainsi, à ce sujet : « En limitant le cercle dans lequel la société peut choisir un mandataire on court le risque de la priver du concours d'une personne étrangère dont les lumières et les aptitudes spéciales peuvent être l'instrument de sa fortune. On doit attendre dira-t-on, un dévouement plus actif et plus de prudence de la part d'un intéressé. Cela est vrai, mais la durée limitée du mandat et sa nature révocable n'offrent-elles pas de suffisantes garanties ? Nous avons cru concilier la pensée du projet avec l'intérêt bien entendu de la société en autorisant les administrateurs à se substituer un mandataire étranger si les statuts le permettent à condition d'en être responsables envers la société. Une disposition spéciale était nécessaire pour que la substitution fût possible, là, où le principe du projet était l'exclusion d'un administrateur qui ne fût pas en même temps associé. Si les administrateurs n'avaient pas été déclarés responsables du mandataire qu'ils se seraient substitué, leur responsabilité eût pu être contestée, malgré les termes de l'article 1994 du Code civil, car cet article s'applique exclusivement au mandataire qui n'a pas reçu le pouvoir de substituer, ou qui l'a reçu sans désignation de la personne, et qui, dans ce dernier cas, a fait choix, d'un incapable ou d'un insolvable.

« Poser, en principe, cette responsabilité dans tous les cas, c'était fortifier les garanties des actionnaires et ne pas les exposer aux risques des substitutions faites à la légère. »

Cette disposition de la loi a été très-contestée et a soulevé de vives critiques ; on l'a qualifiée d'innovation dangereuse.

Les administrateurs d'une société anonyme peuvent prêter leur nom, leur honorabilité, leur consistance pour donner confiance au public, ensuite s'effacer pour prendre un mandataire qui agit pour eux ! Quel intérêt, d'ailleurs, les administrateurs peuvent-ils avoir à prendre des fonctions qu'ils ne veulent pas remplir eux-mêmes ! Ce n'est qu'une faculté, il est vrai, mais c'est une faculté mauvaise et propre à jeter le trouble dans les sociétés. Ils trahissent la confiance que leur ont accordée les actionnaires. Ils ne peuvent pas abandonner leurs fonctions pour les confier à n'importe qui. Les mêmes idées qui ont apparu lors de la discussion de la loi ont été reproduites dans la suite et notamment par M. de Courcy.

« Cette théorie du remplacement, dit ce publiciste. me paraît nouvelle et singulière. Jamais je n'aurais imaginé qu'un administrateur nommé par les actionnaires pût déléguer son droit d'administrateur et envoyer le premier venu siéger à sa place. Ainsi, il pourra être permis aux administrateurs élus de déserter leur mandat, d'aller habiter la province ou l'Amérique, en se substituant un étranger ou en se donnant un remplaçant... Cette faculté pourra être individuelle aussi bien que collective. Le texte ne fait aucune distinction.

« Un administrateur en voyage, ou indisposé, ou tout simplement qui sera parti pour la chasse, n'aura, s'il ne veut pas perdre ses jetons de présence, qu'à envoyer son secrétaire siéger à sa place. Les conseils sont toujours au complet; seulement l'été il arrivera qu'ils ne seront composés que de doublures. »

C'est spirituel, mais est-ce bien exact? Si la loi de 1867 n'avait pas autorisé les administrateurs à se substituer un mandataire, seraient-ils pour cela privés de ce droit? Ne pourraient-ils pas invoquer l'article 1994 du Code Civil? et si, comme nous l'avons vu, le législateur a cru devoir spécifier que les adnistrateurs pourraient choisir un mandataire dont ils seraient responsables, n'était-ce pas pour donner aux actionnaires et aux tiers un droit de recours plus efficace? L'article 22 n'a pas consacré un procédé nouveau, il a seulement soumis les administrateurs, dans le cas où ils se substituaient un mandataire étranger à une responsabilité plus rigoureuse que celle édictée au Code Civil dans le titre du *Mandat*. Les paroles des défenseurs de cette disposition devant le Corps Législatif justifient ce que nous avançons.

« Elle n'apporte, disaient-ils, aucune innovation, ni au droit, ni à l'état actuel, ni à la pratique des sociétés, non plus qu'au droit commun en matière de mandat, tel qu'il est réglé par les articles 1994 et suivants du Code Napoléon. »

Les administrateurs mandataires de la société ne peuvent pas se substituer un mandataire, sans que cette substitution ait été prévue et autorisée par les statuts ; il faut que les statuts le *permettent*. A la différence des mandataires ordinaires, ils n'ont pas cette faculté en principe, le silence des statuts équivaudrait à une interdiction formelle.

Les administrateurs sont responsables du mandataire étranger à la société, *du mandataire substitué*. S'ils ont choisi un directeur parmi eux, ou étranger à la société, ils n'encourent à raison de ce choix aucune responsabilité spéciale. C'est là un acte d'administration qui rentre dans les principes de la responsabilité des administrateurs. Mais ils sont tenus d'une responsabilité spéciale, lorsqu'ils ont choisi un mandataire pour les remplacer dans le conseil. La loi de 1867 a dû déterminer cette responsabilité, car il y avait une dérogation au droit commun, qui permet au mandataire de se substituer une autre personne.

Si un administrateur se substitue un tiers associé, sera-t-il responsable dans les mêmes termes ? Je crois qu'il n'y a pas de doute à avoir, car la loi entend par mandataire étranger un tiers qui n'est pas administrateur, qui n'a pas été choisi par la société pour son mandataire : par le seul fait de la délégation, l'administrateur est responsable dans les termes de l'article 22 ; il aurait été, sans cela, trop facile d'éluder la loi ; il aurait suffi d'être propriétaire d'une action de 500 francs pour être un mandataire associé, dont les administrateurs n'auraient pas été responsables.

Les administrateurs doivent être non seulement associés, mais encore propriétaires d'un certain nombre d'actions. La loi de 1863 voulait, par son article 7, que les administrateurs fussent propriétaires *et par parts égales du vingtième* du *capital social*.

La loi de 1867 a été moins rigoureuse ; elle s'en est rapportée aux statuts qui devront fixer le nombre d'actions dont l'associé devra être propriétaire pour faire partie du Conseil d'administration. En outre, il n'est plus besoin que chacun des administrateurs soit propriétaire *par parts égales* des actions formant le dépôt de garantie ; il suffit qu'ils possèdent à eux tous le nombre d'actions déterminé dans les statuts quelle qu'en soit entre eux la répartition

Les actions possédées par les administrateurs sont nominatives, inaliénables et frappées d'un timbre qui indique leur inaliénabilité, et déposées dans la caisse sociale. Elles sont affectées en totalité à la garantie de tous les actes de la gestion, même de ceux qui seraient exclusivement personnels à l'un des administrateurs et, comme disait M. Mathieu au Corps

Législatif, elles répondent, quelle qu'en soit l'origine, tout à la fois pour chacun et pour tous.

Si les actions de garantie d'un administrateur se trouvaient perdues par la faute d'un collègue, la partie lésée aurait recours contre l'autre partie dans les termes du droit commun.

Dans le cas où les statuts n'ont pas indiqué le nombre d'actions dont les administrateurs devront être propriétaires, cette omission entraînera-t-elle la nullité de la société ? On décide que non, seulement les tiers et les associés pourront exiger que les statuts soient complétés.

L'inaliénabilité des actions de garantie n'entraîne pas leur insaisissabilité; ainsi elles pourront être saisies par des créanciers personnels des administrateurs. La saisie seulement ne pourra pas aller jusqu'au bout, car, pour opérer la vente de ces actions, il faudra que le mandat des administrateurs soit expiré ou qu'ils l'aient résilié. De plus, il est nécessaire que la société ou les créanciers sociaux n'aient pas de droits à faire valoir; ils primeraient, quant au prix de ces actions, les créanciers personnels.

Aucun texte de loi n'a déterminé le pouvoir des administrateurs, aussi les statuts constituent la loi de leur administration.

Dans le silence des statuts, leurs pouvoirs sont appréciés d'après les termes du droit commun.

Ils ne peuvent aliéner les immeubles sociaux sans être autorisés par les statuts ou par l'assemblée générale.

Il a été jugé que l'emprunt fait au nom d'une société anonyme par le Directeur, autorisé du Conseil d'administration, n'engage la société que si le Conseil d'administration avait le droit, d'après les statuts sociaux, de donner l'autorisation au Directeur. (Cassation, 22 janvier 1867.) Il importerait peu que l'Assemblée générale eût ratifié par suite cet emprunt.

En effet, elle est impuissante à modifier les statuts, quelle que faible que soit la minorité. Il faudrait l'unanimité des actionnaires pour relever les administrateurs de l'interdiction que les statuts leur ont faite de certains actes. Ainsi les administrateurs ne pourraient émettre des obligations s'ils n'étaient autorisés. D'après le même arrêt, quand bien même les statuts accorderaient aux administrateurs les pouvoirs les plus étendus, ils n'ont pas qualité pour hypothéquer, il faut une clause formelle. L'assemblée des actionnaires seule a le droit d'hypothéquer, mais elle doit, à cet effet, donner un mandat authentique, sous peine de nullité de l'hypothèque. (Paris, 5 juillet 1877.)

La société est tenue de rembourser aux tiers les avances faites dans son intérêt, par ces derniers, et dont elle a profité, alors même que, pour sûreté de ces avances, le directeur aurait, sans pouvoirs suffisants, contracté une obligation hypothécaire qui depuis a été annulée. L'annulation de cette obligation de garantie ne fait pas disparaître l'obligation primitive résultant des avances faites régulièrement à la société (Cassation, 24 février 1852).

Une société anonyme n'est pas liée par la prorogation de bail faite à un de ses locataires par le président du Conseil d'administration, alors que les statuts exigent la signature de deux administrateurs pour la validité des baux.

Le locataire n'a pas d'action en responsabilité contre le président du Conseil, à défaut de ratification de cette promesse par la société, s'il a su que celui-ci agissait, non pas en son nom personnel, mais pour le compte de la société, et que les statuts exigeaient la signature de deux administrateurs pour la validité des engagements sociaux (Cassation, 9 juillet 1872).

L'article 32 du Code de Commerce, limite la responsabilité des administrateurs à l'exécution du mandat qu'ils ont reçu; ils ne contractent, à raison de leur gestion, aucune obligation personnelle ni solidaire relativement aux engagements de la société. Ainsi donc, les tiers qui ont traité avec eux n'ont d'action que contre la société elle-même. D'après ce principe, il a été jugé que le directeur d'une société anonyme qui charge un avoué d'occuper pour la société ne contracte point, par cela seul, une obligation personnelle; quant au paiement des frais, l'avoué n'a de recours que contre la société elle-même (Cassation, 6 mai 1835)

D'après ces différentes décisions des tribunaux que nous avons cru devoir donner, il est donc établi que les pouvoirs des administrateurs ne vont pas jusqu'aux actes de disposition : ils s'étendent à tous les actes d'administration de quelque importance qu'ils soient, s'ils tendent bien au but que s'est proposé la société en s'établissant. Néanmoins cette règle souffre une exception lorsque les actes des administrateurs, faits en dehors de leurs pouvoirs, ont tourné à l'avantage de la société. La loi a imposé aussi aux administrateurs certains devoirs en dehors de ceux qui incombent à tout mandataire; elle exige que chaque semestre il soit dressé un état sommaire de la situation active et passive de la société, et que, de plus, d'après l'article 9 du Code de Commerce, il soit établi un inventaire des biens mobiliers et immobiliers, des dettes actives et passives, et que cet inventaire soit copié, année par année, sur un registre spécial. C'est aux administrateurs qu'incombe évidemment l'obligation d'exécuter cette double prescription.

Ils doivent encore veiller à ce qu'il soit fait annuellement un prélèvement d'un vingtième pour former un fonds de réserve (art. 36). C'est la reproduction de l'article 19 de la loi de 1863. Le rapporteur de la loi s'exprimait ainsi sur l'utilité de l'article 36 : « Encourager la prévoyance et l'épargne, en faire un devoir légal, amortir partiellement le capital, si des sinistres n'obligent pas la société à toucher à sa réserve, constituer ainsi pour les tiers une garantie au moins relative, en dehors du capital social, ce sont là de précieux avantages. C'est l'une des stipulations normales de l'ancienne société anonyme, et l'expérience en a enseigné la pratique aux autres parce qu'elle était sage. Dira-t-on qu'il serait plus simple de s'en fier à la prudence des associés, en respectant leur initiative ? Mais en quoi la liberté peut-elle se plaindre d'être entravée là, où ce que la loi prescrit, dans une matière qui touche à tant d'intérêts, est précisément ce que la sagesse individuelle conseillerait si elle était bien inspirée. » Ce prélèvement doit être fait sur les bénéfices *nets*, et nous ne partageons pas l'opinion des auteurs qui établissent une différence entre les intérêts et les dividendes, en enseignant que les intérêts peuvent être pris sur le capital social, et que c'est après déduction non seulement des frais généraux, mais encore des intérêts, que l'on doit calculer s'il y a des bénéfices nets, et opérer le prélèvement exigé par la loi. Ces auteurs s'appuient sur les termes d'une circulaire du Ministre de l'intérieur du 11 juillet 1818. Cette circulaire ne constitue pas un argument suffisant, elle n'est que l'opinion du Ministre d'alors qui ne peut trancher une question aussi importante, nous sommes donc de l'avis de M. Alauzet qui considère le prélèvement destiné au fonds de réserve comme une charge sociale qui doit passer avant le paiement d'aucune somme aux actionnaires.

D'après l'article 37, les administrateurs sont tenus de convoquer l'assemblée générale des actionnaires en cas de perte des trois quarts du capital social, pour savoir s'il y lieu de prononcer la dissolution de la société. Nous étudierons cette obligation dans la troisième partie de cet ouvrage.

L'article 40 interdit aux administrateurs de prendre ou de conserver un intérêt direct ou indirect dans une entreprise ou dans un marché fait avec la société ou pour son compte, à moins qu'ils n'y soient autorisés par l'assemblée générale.

L'article 23 de la loi de 1863, contenait une prohibition semblable. Elle ne voulait pas que les admitrateurs fussent placés entre leur intérêt et celui de la société ; c'eût été une situation délicate dans laquelle l'intérêt de la société aurait pu souvent être mal défendu et même sacrifié.

Il faut remarquer que la loi de 1863 était plus dure que celle de 1867 ; elle défendait, en effet, aux administrateurs de prendre ou de conserver aucun intérêt dans une opération quelconque faite avec la société ou pour son compte, sauf autorisation de l'assemblée générale, pour certaines opérations spécialement déterminées. Une prohibition aussi étendue devait fatalement engendrer des inconvénients, et l'exposé des motifs de la loi de 1867 indique les raisons qui ont amené le législateur à apporter un tempérament à cette prohibition : « La loi de 1863, dit l'exposé des motifs, n'a-t-elle pas dépassé le but ? On a vu des sociétés de crédit trouver difficilement des administrateurs parmi ceux qui auraient été le plus capables de les bien diriger, parce qu'en présence de la prohibition de faire une opération quelconque avec la société, aucun associé n'était disposé à accepter une mission qui l'empêchait de participer aux avantages offerts à tous les autres. La faculté de demander et d'obtenir l'autorisation de l'assemblée générale n'était qu'une ressource inutile ; il fallait, en effet, que l'autorisation fût accordée pour chaque opération spécialement déterminée. Or cela était impossible, par exemple, pour des opérations d'escompte, pouvant se renouveler chaque jour.

« Ces difficultés signalées à l'attention du Gouvernement ont été prises en sérieuse considération, et le projet, en maintenant le principe, en fait une application plus modérée. Ce n'est plus sur chaque opération que porte la prohibition, c'est seulement sur des entreprises ou des marchés.

« Les conventions auxquelles s'appliquent ces dénominations ont ordinairement une importance assez grande, et leurs effets une durée assez longue, pour qu'il soit prudent de les assujettir à l'autorisation de l'assemblée générale. D'ailleurs l'autorisation, impossible pour des opérations distinctes et réitérées, peut facilement être obtenue pour des transactions comprenant une série de travaux ou de fournitures et, par conséquent, embrassant un long espace de temps. »

Il est donc interdit à un administrateur non seulement de se charger personnellement de marchés ou d'entreprises, mais encore de conserver un intérêt direct ou indirect dans ceux qu'ont pris des tiers.

La question de savoir en quoi consiste un intérêt direct ou indirect est une question de fait qui devra être appréciée par les tribunaux.

L'interdiction ne s'applique pas aux entreprises ni aux marchés qui se donnent à l'adjudication, cela ressort de la discussion de l'article 40. Le législateur a pensé que la publicité qui était donnée aux entreprises accordées à l'adjudication, enlevait le danger que l'on pouvait craindre dans les marchés consentis de gré à gré.

L'autorisation peut n'être demandée qu'après coup. Si elle est refusée, l'administrateur devra se démettre de ses fonctions. Dans tous les cas, l'assemblée générale devra exiger qu'un compte spécial de l'exécution des marchés ou entreprises autorisées par elle lui soit rendu chaque année. C'est une garantie de plus pour la société.

Le conseil d'administration doit rendre ce compte et les commissaires de surveillance le vérifier et le mentionner dans leur rapport annuel.

CHAPITRE II.

COMMISSAIRES DE SURVEILLANCE.

Les commissaires de surveillance sont des mandataires de l'assemblée générale des actionnaires ; ils sont chargés de surveiller les intérêts de la société. Ils ont des fonctions à peu près analogues à celles des membres du conseil de surveillance dans les sociétés en commandite par actions ; seulement leurs fonctions ne sont pas permanentes, ils ne les exercent que pendant les trois mois qui précèdent la réunion de l'assemblée annuelle des actionnaires. Cette différence est justifiée, à ce qu'il nous semble, par le mode dissemblable dont sont administrées ces sociétés La commandite par actions n'ayant à sa tête ordinairement qu'une personne, on a dû placer un élément permanent de contrôle ; au contraire, l'administration dans les sociétés anonymes étant dirigée par plusieurs mandataires, le législateur a pensé que les administrateurs se surveilleraient les uns les autres et que, par conséquent, le contrôle pouvait bien ne pas être exercé toute l'année.

« Il était à craindre, dit l'exposé des motifs de la loi de 1867, que cette action pouvant s'exercer chaque jour, à chaque instant et sur toutes choses, ne devînt pour l'administration une gêne insupportable, s'il faut que les administrateurs soient contrôlés ; il faut qu'ils soient libres. Ce n'est pas dans leur intérêt qu'il importe que leurs mouvements soient dégagés de toutes entraves, c'est dans l'intérêt de la société elle-même. »

Quand arrive le moment de rendre des comptes, alors il est utile qu'un examen préparatoire en soit fait par des hommes spéciaux et expérimentés, afin que l'assemblée générale ayant sous les yeux les résultats de cet examen puisse voter avec la parfaite connaissance des faits et soit bien éclairée sur la situation de la société.

Il n'y a pas d'antagonisme à redouter entre les administrateurs et les commissaires, leur sphère d'action, en effet, est complètement différente ; les uns agissent, les autres contrôlent. L'institution des commissaires de surveillance n'est pas une innovation de la loi de 1867, c'est la loi de 1863 qui introduisit pour la première fois cet élément de contrôle dans les sociétés anonymes.

Les premiers commissaires de surveillance sont nommés par l'une des assemblées constitutives; aussi l'assemblée générale, dont il est parlé à l'article 32, est appelée, non à nommer les commissaires pour la première fois, mais bien à remplacer ceux qui ont été nommés par l'assemblée extraordinaire dont il est parlé à l'article 25.

Chaque année, l'assemblée générale devra procéder à la nomination de nouveaux commissaires ou confirmer les pouvoirs de ceux qui sont en fonctions. Elle peut en nommer un ou plusieurs, les prendre en dehors ou parmi les associés. Ils sont rééligibles, à moins de stipulations contraires.

Si la nomination n'a pas été faite dans les statuts, pour une cause quelconque, ou si les commissaires sont empêchés ou refusent, c'est le président du tribunal de commerce du siége social qui procède à la nomination ou au remplacement des commissaires, par simple ordonnance, sur la requête de toute partie intéressée, les administrateurs dûment appelés.

A la différence de la loi belge, où les commissaires peuvent être nommés pour six ans, et où leur mandat est *législativement* déclaré toujours révocable par l'assemblée générale, la loi de 1867 ne s'explique point à ce sujet. Néanmoins ils sont révocables comme mandataires, et la société pourra toujours user de son droit de révocation, même au cours de l'année, s'il y a un intérêt *pressant*. Les commissaires pourront être salariés ou gratuits; mais si le mandat est confié à des étrangers, il pourra être salarié.

La principale mission des commissaires est de faire à l'assemblée générale annuelle, qui suit celle qui les a élus, un rapport sur la situation de la société, sur le bilan et sur les comptes présentés par les administrateurs. Ce rapport doit être fait avec soin et sincérité; aussi la loi leur a-t-elle permis, pour faire ce travail, de prendre connaissance des livres, écritures, correspondances et tous documents de nature à les éclairer sur les opérations sociales ; ils ne peuvent consulter ces pièces que pendant le trimestre qui précède l'époque *fixée par les statuts pour la réunion de l'assemblée générale.*

Les commissaires peuvent encore prendre connaissance, pour faire leur rapport, de l'état sommaire de la situation active et passive de la société, que les administrateurs doivent dresser tous les semestres.

Quant à la forme du rapport, la loi les laisse libres. Il avait été présenté à ce sujet, par M. de Saint-Paul, un amendement ainsi conçu : « Les administrateurs et les commissaires de comptabilité doivent, chaque année dans leurs rapports, signaler aux actionnaires les diminutions que les fonds de roulement et les dépréciations que le capital auraient pu subir. » Cet amendement ne fut pas adopté et en voici les raisons : « Cet amendement, dit la commission, est plutôt un conseil adressé aux administrateurs et aux commissaires, qu'une disposition à introduire dans la loi. Leurs rapports, sous peine de manquer leur but, doivent indiquer et indiquent, en effet, dans la pratique ce que notre honorable collègue voudrait voir insérer comme un devoir légal? C'est une question d'intelligence et de bonne foi de la part des administrateurs et des commissaires; le juge appréciera s'ils ont ou non accompli leurs obligations de manière à engager leur responsabilité. »

Enfin, la loi accorde un dernier pouvoir aux commissaires de surveillance, c'est celui de convoquer, en cas d'urgence, l'assemblée générale; ils sont responsables des suites fâcheuses que cette convocation pourrait entraîner, et cette responsabilité les empêchera souvent de recourir, sans motifs importants, à cette mesure grave.

CHAPITRE III.

Les assemblées d'actionnaires se divisent en trois classes : 1° les assemblées constituantes, 2° les assemblées ordinaires annuelles, 3° les assemblées extraordinaires.

Nous ne reviendrons pas sur le rôle et sur la composition des assemblées constituantes, nous en avons parlé au chapitre de la constitution des sociétés anonymes.

Les assemblées d'actionnaires ont un pouvoir absolu pour tout ce qui n'excède pas les stipulations du pacte social, et leurs décisions sont obligatoires pour tous, d'abord pour les administrateurs qui ne sont que leurs mandataires, ensuite pour les actionnaires, aussi bien pour ceux qui font partie de la minorité que pour ceux de la majorité.

Les assemblées ordinaires et extraordinaires doivent, avant de commencer toute délibération, former leur bureau. La loi n'indique pas comment sera composé le bureau. Les statuts des sociétés y sup-

pléent. Le bureau formé, on commencera l'examen
des questions soumises à l'assemblée ; les délibérations sont prises à la majorité des voix. Il est tenu
une feuille de présence qui contient les noms et do-
miciles des actionnaires, et le nombre d'actions dont
chacun d'eux est porteur. Cette feuille, certifiée par
le bureau de l'assemblée, est déposée au siége social
et doit être communiquée à tout requérant. Ces
mesures sont une sage précaution contre la fraude
dont la tenue de ces assemblées sont trop souvent
l'occasion. La règle que les délibérations sont prises
à la majorité des voix est commune à toutes les assemblées, seulement quelquefois les statuts exigent,
pour certaines délibérations, une majorité des deux
tiers, des trois cinquièmes des actionnaires

Nous avons vu que les actionnaires pouvaient se
faire représenter aux assemblées, les statuts, pour
éviter l'introduction d'éléments étrangers, stipulent
souvent que les représentants devront être actionnaires

Un procès-verbal est tenu des délibérations prises
par l'assemblée générale. Les statuts en prescrivant
cette mesure exigent, en outre, que le procès-verbal
soit signé par les membres du bureau. La signature
de tous les membres n'est pas nécessaire ; celles
du président et du secrétaire suffisent.

Un arrêt de la Cour de Lyon, du 26 novembre

1863, qui est applicable encore aujourd'hui, dit non que la délibération est nulle à défaut de signature, mais encore qu'elle n'existe pas, car l'acte dont la minute n'est pas signée n'a pas d'existence légale. Les déclarations particulières de ceux qui auraient dû signer ne peuvent effacer un vice aussi radical, car la mémoire peut faillir sur des détails importants de rédaction et, d'autre part, il ne peut dépendre de celui qui a manqué à son devoir en ne signant pas, de faire vivre un acte ou de le laisser dans le néant.

Les assemblées ordinaires doivent se réunir annuellement à l'époque fixée par les statuts (art. 27). Dans le silence des statuts, tout actionnaire pourrait prendre part à ces assemblées; mais ils ont presque toujours soin de déterminer un nombre d'actions dont il faut être détenteur, soit à titre de propriétaire, soit à titre de mandataire, pour pouvoir voter. Le nombre des voix n'est pas limité à dix comme pour les assemblées constituantes, néanmoins il y aurait imprudence à ne pas fixer par les statuts une limite quelconque; sans cette précaution, un seul actionnaire pourrait, à lui tout seul, avoir la majorité. Quoique la loi permette d'exclure des assemblées ordinaire les petits actionnaires, elle ne les prive point cependant de tous moyens de contrôle, elle leur permet, en effet, de prendre connaissance, quinze jours avant l'assemblée générale, de l'inventaire et de la liste des actionnaires, et de se faire délivrer une copie du bilan et du rapport des commissaires.

Le projet de la loi de 1867 présenté par le Gouvernement exigeait l'*envoi* et le dépôt de ces documents à chaque actionnaire. Mais la commission s'opposa à cette disposition, en disant qu'il serait difficile ou impossible de connaître tous les actionnaires, de savoir si ceux qui ont figuré aux assemblées précédentes, ont aliéné ou non leurs titres, s'ils ont changé de demeure. De là naîtrait une source de procès qu'il serait impossible aux administrateurs de tarir.

Tout actionnaire a le droit, comme nous l'avons vu, d'assister aux assemblées. La question s'est posée de savoir si le détenteur d'actions, par suite d'une opération de report, pouvait user de ce droit. Plusieurs auteurs ont pensé qu'il n'y avait là qu'une opération de prêt sur nantissement affectant la forme d'un achat et d'une vente ; mais la jurisprudence s'est prononcée sur la question, et il a été jugé que le reporteur était *propriétaire* des titres par lui achetés et qu'il pouvait voter aux assemblées. (Paris, 19 avril 1875.)

Nous avons vu que les statuts déterminaient en général le nombre d'actions dont il fallait être propriétaire pour assister aux assemblées générales, et ce nombre était fixé à 10, 15 ou 20 actions, selon la division du capital social. La banque de France, et nous croyons qu'elle est une des rares sociétés qui ait adopté un tel système, a établi qu'il fallait être dans les deux cents plus forts actionnaires pour faire partie des assemblées générales ordinaires. On voit de suite combien est mauvais ce système puisque un actionnaire ne pourra jamais savoir à temps pour se faire inscrire, s'il est au nombre des deux cents.

Non seulement l'assemblée annuelle peut statuer sur tous les points qui lui sont expressément réservés par les statuts, mais encore elle peut suppléer à l'action des administrateurs sur les points qui sont en dehors de leurs pouvoirs. Ansi la Cour de cassation a décidé que l'assemblée générale des actionnaires a droit d'autoriser un emprunt, avec affectation hypothécaire des immeubles faisant partie de l'actif social, bien que ce cas n'ait pas été prévu d'une manière spéciale par l'acte de société, et qu'un pareil emprunt est valable à l'égard de tous les intéressés, même de ceux qui forment la minorité. (7 mai 1849).

Enfin, il faut un certain nombre d'actionnaires pour que l'assemblée soit valablement constituée; elle doit comprendre assez d'actionnaires pour représenter le quart au moins du capital social. Si cette condition n'est pas remplie, elle est de nouveau convoquée et délibère valablement, quel que soit le nombre des membres présents (art. 29). Les associés coupables de négligence, en effet, ne doivent pas compromettre les intérêts de la société en empêchant sa marche régulière.

Les Assemblées générales extraordinaires ont à délibérer sur les modifications à apporter aux statuts, et sur la continuation de la société au delà du terme indiqué dans le pacte social ou sur la dissolution avant ce terme.

Pour prendre des déterminations aussi graves, pour changer la loi du contrat, il faudrait, ce semble, l'unanimité des actionnaires.

Au Corps Législatif, tout le monde rendait hommage à ce principe, mais on dut y déroger dans l'intérêt du commerce et de l'industrie. Il suffit que l'assemblée soit composée d'un nombre d'actionnaires représentant, au moins, la moitié du capital social. C'est dans l'assemblée elle-même que doit se produire la représentation exigée, pour qu'elle puisse délibérer valablement. On avait proposé un amendement qui avait pour but de compléter après coup par des adhésions ultérieures le nombre légal d'actionnaires; cet amendement fut repoussé.

Pour bien comprendre qu'elle est l'étendue des pouvoirs des assemblées extraordinaires, il est utile de citer quelques décisions de la jurisprudence :

Il a été jugé qu'à défaut d'une clause de l'acte de société autorisant la modification des statuts, aucun changement n'y peut être fait que par l'unanimité des actionnaires.

Il n'appartient pas non plus à ces assemblées de changer le but même de l'entreprise, surtout si ce changement doit avoir pour effet de donner à la société un but illicite comme celui qui consisterait à supprimer une clause des statuts portant interdiction des achats à primes et des ventes à découvert d'effets publics

L'assemblée générale extraordinaire n'a pas davantage le droit d'augmenter le chiffre de la souscription fixé par l'acte social, ni de modifier les conditions de versement de cette souscription. En conséquence, les délibérations prises pour ces divers objets sont nulles et entraînent la dissolution et la liquidation de la société. (Paris, 18 mars 1862.)

La clause des statuts d'une société qui permet à l'assemblée générale des actionnaires de faire toutes les modifications qu'elle jugera convenables, de décider l'augmentation du capital social, l'émission de nouvelles actions et la fusion avec toute autre société ne renferme pas le pouvoir de changer la forme de la société, et notamment de convertir une société anonyme en une société en nom collectif.

En conséquence, si une telle transformation a été effectuée par l'assemblée générale, les sociétaires qui ne l'ont point approuvée, sont libres de se retirer de la société en exigeant la restitution de leur apport social. (Aix, 30 janvier 1868.)

Est nulle aussi la délibération par laquelle l'assemblée générale d'une société par actions, sur la proposition du conseil d'administration décide, à la majorité seulement, que le dividende afférent à chaque action sur les bénéfices annuels, au lieu d'être attribué aux actionnaires conformément aux statuts, sera appliqué à l'acquisition d'un immeuble pour le compte de la société. (Rouen, 8 août 1868.)

La grande difficulté consiste, dans cette matière, à distinguer les changements qui apportent une modification complète au pacte social et aux conditions constitutives de la société, de ceux qui ne touchent qu'à des points de détail et qui respectent les bases du contrat. La Cour de Paris a été saisie de la question à l'occasion des délibérations prises par des actionnaires du Crédit mobilier. Une assemblée générale avait voté l'augmentation du capital social et l'émission nouvelle de 160,000 actions qui devaient recevoir un intérêt de 6 0/0, par préférence aux actions anciennes. Des actionnaires critiquèrent ces délibérations et en demandèrent la nullité fondée sur ce que l'assemblée générale n'avait pas le pouvoir de modifier le droit des actionnaires en créant des actions de priorité et en modifiant aussi essentiellement le pacte social. La Cour rendit un arrêt conforme à la demande de ces actionnaires en se fondant sur le droit égal au partage des bénéfices qu'avaient les actions, et sur ce que la stipulation faite par un associé relativement aux droits que conférera l'action dont il verse le montant est une condition substantielle et absolue du lien de droit qui se forme entre la société et lui. (Paris, 19 avril 1875.)

Ainsi l'assemblée générale extraordinaire ne peut ni changer la base de répartition des bénéfices, ni changer l'objet pour lequel la société a été fondée, ni modifier le chiffre des apports, en exigeant des versements supérieurs à ceux qui ont été fixés par le pacte constitutif.

L'article 31, à la différence des articles 29 et 30, n'a pas prévu le cas où l'assemblée extraordinaire n'aurait pas à sa première réunion un nombre d'actionnaires représentant la moitié du capital social. Devrait-on dans ce cas admettre qu'une nouvelle assemblée représentant le cinquième du capital social, comme dans les assemblées constitutives, ou même quel que soit le nombre des actionnaires présents, comme dans les assemblées annuelles, pût délibérer valablement? Il a été dit, lors de la discussion de la loi, que l'on pourrait convoquer une seconde, une troisième assemblée pour réunir le nombre légal d'actionnaires. On avait même proposé d'ajouter à l'article 31 une disposition qui permettait, lorsque la moitié des actions n'aurait pas été représentée, de réunir par des adhésions postérieures écrites, le nombre nécessaire d'actions. Cette proposition a été repoussée par le commissaire du Gouvernement « parce qu'il y a un autre procédé non moins pratique et qui aura moins d'inconvénients. Il consiste à convoquer une seconde assemblée générale, après avoir pris soin de chercher les actionnaires qui ne sont pas venus à la première, et de leur demander un pouvoir pour les représenter à la seconde, s'ils ne peuvent pas y venir. Voilà ce qu'autorise la loi sans rien y ajouter. »

Il faut donc dire que soit après une première convocation, soit après une seconde convocation, l'assemblée générale extraordinaire ne pourra délibérer valablement que si elle est composée d'un nombre d'actionnaires représentant au moins la moitié du capital social.

CHAPITRE IV.

RESPONSABILITÉ GÉNÉRALE PENDANT LE COURS DE LA SOCIÉTÉ.

Nous trouvons dans l'article 44 de loi de 1867 les règles qui régissent la responsabilité des administrateurs, pour les actes faits pendant leur gestion. Voici le libellé de cet article : « Les administrateurs sont responsables, conformément aux règles du droit commun, individuellement ou solidairement, suivant les cas, envers la société ou envers les tiers, soit des infractions aux dispositions de la présente loi, soit des fautes qu'ils auraient commises dans leur gestion, notamment en distribuant ou en laissant distribuer sans opposition, des dividendes fictifs. »

Pour compléter ce texte, il faut recourir à l'article 32 du Code de Commerce non abrogé par la loi de 1867, et qui dispose que les Administrateurs sont responsables seulement de l'exécution du mandat qu'ils ont reçu. Il semble rationnel de faire une distinction entre l'action en responsabilité exercée par les actionnaires et l'action intentée par les tiers. En effet, les administrateurs ne sont pas obligés de la même manière envers les uns et les autres, ils sont plus strictement tenus envers les premiers qu'envers les derniers. *Mais il ne faudrait pas dire, comme un arrêt qu'ils ne doivent aux tiers aucune diligence de conduite.* (Paris, 16 avril 1870).

La gratuité du mandat ni la bonne foi du mandataire ne sont des causes d'excuse. La gratuité, en effet, est de la nature du mandat, mais non de son essence; et le mandataire répond non seulement de son dol, mais encore de ses fautes. La bonne foi n'exclut pas non plus le quasi-délit puisqu'il provient de la négligence et de l'imprudence. Les termes de la loi sont du reste très-impératifs, aussi bien dans l'article 42 que dans l'article 44, l'un et l'autre impliquent pour les tribunaux, l'obligation de condamner lorsque la faute est reconnue.

Lorsque la responsabilité a été encourue, doit-elle atteindre indistinctement tous les membres du Conseil d'administration? L'art 44 répond à cette question en décidant que les administrateurs sont responsables individuellement ou solidairement. Individuellement, cela semble extraordinaire dans une administration qui doit nécessairement être collective, dans laquelle aucun d'eux ne peut se désintéresser sans faillir à son mandat. Il est cependant des

cas où on peut concevoir une responsabilité individuelle : supposons qu'un certain nombre de membres
du Conseil d'administration se soient prononcés contre
des mesures contraires aux statuts, si cette opposition est constatée, et est prouvée, dans ce cas, la
minorité n'est pas responsable des décisions prises
par la majorité. Nous trouvons un exemple de cette
responsabilité individuelle dans un procès intenté
contre les administrateurs de la Compagnie Immobilière et de la société du Crédit mobilier. Dans
cette affaire, il avait été distribué des dividendes
fictifs qui avaient fait hausser les actions dans une
proportion exagérée; selon les acheteurs lésés, cette
distribution de dividendes devait entraîner la responsabilité de tous les administrateurs. Un arrêt de la
Cour de la Cour de Paris, du 16 avril 1870, ne dé-
clara responsables que trois administrateurs de la
Compagnie Immobilière, et cinq du Crédit mobilier.
Cet arrêt était motivé de la façon suivante : « Il ne
« s'agit pas de régler la responsabilité naissant d'un
« mandat, cas dans lequel le mandataire peut avoir
« à répondre vis-à-vis du mandant de ses fautes,
« même de négligence et de simple omission, mais
« il s'agit de régler la responsabilité prescrite vis-à-
« vis de tout citoyen par l'article 1382 du Code
« civil, et dérivant de fautes qui seraient la
« violation des devoirs généraux auxquels cha-

« cun doit conformer ses actes dans la vie civile.
« La faute, base de la responsabilité, suppose un
« fait positif, un acte accompli, qui ait été domma-
« geable; en général elle ne peut consister dans
« une simple abstention d'agir, à moins que cette
« abstention, par la gravité d'un devoir quelconque
« violé, n'ait été la cause directe du mal. »

C'est d'après ce principe qu'il faut rechercher s'il
y a eu faute de la part de tous les administrateurs
ou de quelques-uns seulement, dans les agissements
reprochables qui ont trompé les acheteurs d'actions.
D'après les statuts de la société du Crédit mobilier,
un comité dit d'exécution, composé de trois membres
du conseil d'administration devait être formé, et
d'après l'article 30, ce comité était chargé, sous l'autorité du conseil, de la gestion des affaires sociales. Et
en fait, l'arrêt a constaté que bien qu'une délibération
régulière n'eût pas été prise à ce sujet, les fonctions du comité chargé de la gestion avaient été constamment remplies « par les trois administrateurs
« vrais directeurs de l'entreprise; que ces trois ad-
« ministrateurs avaient tout conduit, tout su, tout
« exposé et proposé en connaissance de cause et que
« sur eux pesait directement la responsabilité des
« rapports, des bilans, des dividendes, par lesquels
« ont été trompés les acheteurs d'actions. Mais il n'ap-
« paraît pas que les autres administrateurs, qui se

« sont tenus en dehors de la direction et même de
« la connaissance suivie des affaires sociales, aient
« participé aux conceptions artificieuses du bilan et
« aux déclarations fallacieuses de bénéfices qui ont
« été cause du dommage. Ces autres administrateurs
« n'ont fait que suivre la foi de collègues en qui tout
« les invitait à placer une entière confiance. Si leur
« défaut de surveillance et de contrôle, d'examen
« propre des affaires, pouvait les faire envelopper,
« comme mandataires négligents, dans la responsa-
« bilité du mandat encourue vis-à-vis de la société,
« ces cas de simple inertie, avec les circonstances
« de la cause qui les expliquent, n'ont pu constituer
« de leur part une faute, au sens de l'article 1382
« du Code civil, vis-à-vis des tiers acheteurs d'ac-
« tions à qui ils ne devaient aucune diligence de
« conduite. »

La Cour de Paris a fait dans cet arrêt la distinction de la faute résultant du mandat et celle résultant
du quasi-délit et si l'action de mandat n'avait pas été
écartée, l'inertie constatée à l'égard de certains administrateurs n'aurait pas suffi pour les décharger
de la responsabilité collective envers leurs mandants.
Il nous semble que la Cour a exagéré la distinction à
faire entre les tiers et les associés. N'est-ce pas mé-
connaître l'esprit de la loi de 1867 et oublier les
raisons d'ordre public qui ont été données lors de la

discussion de cette loi que de ne pas protéger les tiers contre les fraudes des administrateurs. Nous appelons ici tiers, ceux qui ont acheté les actions à la suite de faux rapports et de faux bilans que les administrateurs ont présentés en assemblée et qui ont amené la distribution de dividendes fictifs. Aussi nous aurions mieux compris la thèse d'un arrêt qui eût prononcé la responsabilité collective de tous les membres du Conseil d'administration, sauf le recours des administrateurs innocents, contre leurs collègues coupables de manœuvres frauduleuses.

Les administrateurs peuvent être responsables, soit envers la société, soit envers les tiers, et sont tenus de cette responsabilité dans les termes de l'article 1382 du Code civil. « Ils répondent seulement, dit M. Boistel, des fautes caractérisées que ne commettrait pas un bon commerçant; mais ils ne répondent pas des conséquences fâcheuses des décisions prises conformément à ce qui pouvait paraître être l'intérêt de la société, au moment où elles ont été prises; les risques inséparables de toute entreprise commerciale, ne leur sont pas imputables. » Aussi, la Cour de Paris (16 avril 1870), a-t-elle jugé, à juste titre, que le mandat donné par une société à ses administrateurs est un mandat social, qui n'oblige ceux-ci qu'envers la collectivité des associés, et, qui dès lors n'engendre contre eux qu'une action sociale;

ainsi la société, en se conformant à ses statuts, peut toujours, soit poursuivre ses mandataires, soit les exonérer de la responsabilité qu'ils auraient encourue envers elle.

En conséquence, il est impossible à chaque associé d'exercer individuellement cette action dans la limite de son intérêt privé, à moins que la société n'ait omis ou refusé d'user de son droit et faut-il encore que l'action soit restée entière.

L'action n'est plus entière lorsque la société a pris une délibération valable par laquelle, moyennant certaines réparations, elle a renoncé à toute poursuite contre ses mandataires pour des fautes par eux commises.

Un des faits qui a entraîné le plus souvent les recours en responsabilité contre les administrateurs, c'est la distribution faite par ceux-ci de dividendes fictifs ; il faut remarquer que les administrateurs qui ont seulement laissé adopter cette mesure sont englobés dans la responsabilité collective, de même que s'ils avaient été les auteurs de cette distribution illégale. Cela ressort évidemment des termes de la loi qui dit que les administrateurs sont responsables d'avoir distribué ou *laissé* distribuer sans opposition, des dividendes fictifs. Mais qu'entend-on par dividendes fictifs ? Le rapport qui a précédé la loi de 1863, en donne une définition qui nous a paru exacte. « La disposition ne sera-t-elle applicable que

« lorsque la distribution aura été faite en contradic-
« tion de l'inventaire qui aura été dressé, même
« alors que l'inventaire serait inexact et suffirait-il
« qu'un inventaire défectueux semble autoriser la
« distribution pour qu'elle ne donne lieu à aucune
« responsabilité ? » Ce serait une erreur de le penser.
La distribution sera critiquable, qu'elle soit faite contrairement à un inventaire régulier, ou qu'elle ait eu
pour motif un inventaire défectueux qui ne constatait
pas le véritable état de la société, ainsi qu'aurait dû
le faire un inventaire exact et sincère. Dans ce dernier cas, la faute de la distribution procède de celle
qui a donné naissance à la confection vicieuse de
l'inventaire; elles se confondent l'une et l'autre : il
faut donc entendre le mot inventaire employé dans
le texte de la loi, comme emportant avec lui l'idée
de l'exactitude et de la régularité.

Il ne nous reste plus qu'à déterminer la signification
de ces expressions *réellement acquis*. On a voulu exprimer ainsi les bénéfices qui ne peuvent plus échapper à la société, qui ne sont plus à l'état de simple
éventualité, quelle qu'en soit sa vraisemblance, dont
aucun coup du sort, excepté une insolvabilité, impré-
vue ou une destruction fortuite ne peut plus priver la
société. Sans doute, il ne sera pas toujours nécessaire
que le bénéfice ait été encaissé, il pourra résulter d'une
valeur, d'une traite, même d'une simple créance,

pourvu qu'elle soit réputée bonne, non susceptible de discussion, et de nature, suivant les usages du commerce, à figurer à l'actif. Le bon sens et la pratique commerciale seront, sur ce point, le meilleur commentaire de la loi. « Quel est pour ne prendre qu'un exemple, le commerçant, l'industriel qui ne sache pas distinguer une opération conclue et liquidée de celle qui n'est qu'en cours d'exécution ? »

La jurisprudence s'est prononcée aussi sur ce qu'il fallait entendre par bénéfice réellement acquis ; un arrêt de la Cour de Paris, du 22 avril 1870, décide que les bénéfices susceptibles d'être distribués aux actionnaires se composent uniquement de l'excédant certain des produits annuels sur les dépenses provenant d'opérations accomplies et encaissées, ou d'un encaissement certain pouvant être considéré comme l'équivalent d'espèces en caisse : on ne saurait donc considérer comme un bénéfice une simple majoration en plus value des immeubles sociaux, ni l'excédant sur le prix des terrains acquis par la société du prix de vente, lorsque les prix payables par annuité, n'ont pas été encaissés durant l'exercice et ne sont pas même échus, ni enfin l'excédant provenant d'aliénations non encore réalisées et constituant seulement de simples locations avec promesse de vente pour un prix déterminé.

Les administrateurs devront dans le cas de distri-

bution de dividendes fictifs, rembourser aux actionnaires le prix qu'ils ont déboursé pour l'achat de
leurs actions.

La jurisprudence oblige l'actionnaire à représenter
aux administrateurs ses titres d'actions. S'en suit-il
que si les actionnaires ne peuvent pas le faire, l'action en responsabilité leur sera refusée ? La Cour de
Paris ne l'a pas pensé, en effet, un arrêt récent a
décidé, au contraire, que le fait par l'actionnaire
d'une société d'avoir revendu son titre sans fraude ne
forme pas un obstacle au droit propre et personnel
qui lui appartient d'intenter contre les administrateurs
une action en réparation du préjudice résultant d'un
quasi-délit de cés derniers, et de réclamer la différenec
entre le prix d'achat et le prix de revente des titres.

Les administrateurs sont responsables lorsqu'ils
ne surveillent pas la gestion du directeur. Le simple
défaut de surveillance suffit, il n'est pas nécessaire,
en effet, qu'ils aient coopéré aux actes préjudiciables
du directeur.

Il a été jugé que le fait seul d'avoir commis une
faute n'entraînait pas la responsabilité des administrateurs, mais qu'il faut de plus que la faute ait
été préjudiciable. Ainsi l'inexécution d'une clause
des statuts qui prescrit la remise, tous les six mois,
d'un extrait de l'état de la situation à certains fonc-
tionnaires et dans des dépôts publics désignés, n'en-

gage pas la responsabilité des administrateurs, s'il est constaté que les sociétaires avaient d'autres moyens de connaître la situation des affaires de la société, et qu'en réalité le défaut de dépôt ne leur a causé aucun tort.

Lorsque le directeur d'une société anonyme est nommé directement par les actionnaires, les administrateurs de cette société ne sont pas responsables des fautes du directeur, car il n'est pas leur mandataire, mais uniquement celui des actionnaires.

L'arrêt qui consacre ce principe, après avoir constaté que la mention des débiteurs insolvables à l'actif des inventaires était le fait personnel du directeur et ne pouvait être imputée aux administrateurs qui n'en ont pas eu connaissance, apprécie la conduite générale de ceux-ci, et déclare qu'ils n'ont fait que de donner des soins éclairés et suivis à l'exécution de leur mandat.

Les administrateurs qui ont omis de pratiquer dans les inventaires annuels un certain amortissement prescrit par les statuts peuvent, néanmoins, être affranchis de toute responsabilité à cet égard, bien que l'amortissement n'ait pas été calculé d'une manière uniforme et suivie, les administrateurs en ont cependant tenu compte d'une manière suffisante pour faire connaître avec sincérité aux actionnaires et aux tiers, la vraie situation de la société (Cassation, 11 juillet 1870).

Nous avons vu, que la distribution de dividendes fictifs entraînait la responsabilité collective des administrateurs ; à l'inverse, il y a une faute qui est toujours individuelle, c'est celle de l'administrateur qui a pris ou conservé dans les marchés ou entreprises de la société un intérêt personnel. Le principe a été appliqué par un arrêt de la Cour de Paris du 13 août 1869, à M. Charles Laffitte, ancien président du conseil d'administration de la Compagnie des chemins de fer Victor-Emmanuel.

Les anciennes sociétés anonymes, restées soumises à la surveillance du Gouvernement, sont tenues, en vertu d'une instruction ministérielle du 11 juillet 1818, de déposer tous les six mois un état de leur situation au greffe du Tribunal de Commerce, à la préfecture du département et à la Chambre de Commerce.

Si le dépôt de ces états n'a pas eu lieu, la responsabilité des administrateurs est-elle engagée ? La Cour de Paris (11 juillet 1870) s'est prononcée pour la négative, car il est peu probable que les tiers eussent consulté ces actes s'ils avaient été déposés et il serait étrange de donner une probabilité comme base à un quasi-délit.

Il en serait autrement s'il avait été reconnu que l'omission du dépôt avait été intentionnelle et calculée ; si, par exemple, les administrateurs après avoir rem-

pli cette formalité pendant plusieurs années, s'en af-
franchissaient au moment où les affaires sociales
périclitaient, pour ne pas faire connaître aux actionnaires des dissimulations commises dans leurs rapports annuels. C'est ce qui est arrivé dans l'affaire du
Crédit mobilier et de la Compagnie immobilière, où
la Cour de Paris a signalé avec raison, comme l'un
des éléments de la fraude, le fait de ne pas avoir publié les bilans semestriels à un moment qui coïnci-
dait avec l'époque où ont commencé les abus.

Quant à la liquidation des dommages-intérêts, elle
se fera conformément au droit commun. Il est impossible de fixer à l'avance les bases d'évaluation essentiellement variables, selon les espèces et comme
les causes mêmes de responsabilité.

On voit combien les tribunaux ont un pouvoir
d'appréciation étendu pour déterminer les fautes
imputables aux administrateurs, et pour indiquer
l'étendue de cette responsabilité. Il aurait été impossible de donner une nomenclature exacte de toutes
les fautes qui auraient pu entraîner leur responsabilité. Cependant, lors de la discussion, au Corps Législatif, de l'article 44, il avait été proposé un amendement qui déclarait les administrateurs responsables
en cas de lésion des actionnaires ou des tiers :
1° lorsqu'il y aurait eu violation des statuts, 2° lorsqu'il
y aurait eu violation du cahier des charges, 3° lors-

qu'il y aurait eu falsification d'écritures ou des inventaires, ou bien distribution de dividendes fictifs. Cet amendement ne fut pas même pris en considération, parce que selon la commission, on n'aurait pas su si les administrateurs devaient être responsables de ces fautes exclusivement, ou si leur responsabilité pouvait s'étendre en dehors de cette énumération. La formule de l'article 44, est plus large et embrasse *toutes les fautes qu'ils auraient commises dans leur gestion.*

Nous n'avons parlé jusqu'ici que de la responsabilité des administrateurs, il y a, comme nous l'avons vu, un élément de contrôle dans la société anonyme, qui est représenté par les commissaires de surveillance, qui eux aussi sont responsables de la bonne exécution de leur mandat. Quant à l'étendue et aux effets de cette responsabilité, ils s'induisent des termes mêmes de l'article 43, qui dit que les commissaires sont responsables d'après les règles générales du mandat. On voit par là que la surveillance dans les sociétés anonymes, ordinairement organisée par les statuts, n'est pas consacrée formellement par la loi. Les commissaires sont responsables, non seulement de leur dol, mais encore de leurs fautes. Cela ne donne pas lieu à difficulté. Mais les deux points suivants ont soulevé quelques controverses : 1° Les commissaires mandataires de la société et responsables envers elle, sont-ils aussi responsables envers les tiers ? 2° Lorsqu'ils sont plusieurs, sont-ils responsables solidairement ?

Sur le premier point, en rapprochant les articles 43 et 44, il semble, à première vue, que les commissaires ne sont responsables qu'envers la société. En effet, l'article 44, qui parle des administrateurs, les déclare responsables envers la *société ou envers les tiers*. L'article 43, qui s'occupe spécialement des commissaires, dit qu'ils sont responsables *envers la société*. De ce rapprochement résulte un argument *a contrario*. M. Bédarride (*Commentaire de la loi de* 1867) soutient ce système. C'est une conséquence logique, dit-il, pour les actionnaires, de poursuivre les commissaires qui sont leurs mandataires. Mais ce droit ne peut appartenir aux tiers ; la mission des commissaires est, en effet, toute intérieure, ils ne sont pas en rapport avec des tiers ; du reste l'intérêt de ces derniers est pleinement sauvegardé par l'action qu'ils peuvent exercer contre les administrateurs. Ce système n'a été sanctionné ni par la jurisprudence ni par la doctrine. On a justement pensé que la surveillance organisée dans les sociétés anonymes, avait été établie, non seulement dans l'intérêt des actionnaires, mais encore dans celui des tiers ; aussi pensons-nous que les tiers ont une action directe contre les commissaires, dont ils puisent le principe dans les articles 1382 et 1383 du Code Civil.

Sur le second point, on peut invoquer l'article 1995 du Code Civil, d'après lequel, quand il y a plusieurs fondés de pouvoirs ou mandataires établis, il n'y a solidarité entre eux qu'autant qu'elle est exprimée, et on peut conclure de là qu'il n'y a pas solidarité entre les commissaires pour les fautes dont ils répondent. Mais, d'après l'opinion commune, l'article 1995 ne s'applique pas en matière commerciale. Il y a solidarité entre les différents mandataires ou commissaires sans qu'elle ait été stipulée, les commissaires étant des mandataires commerciaux, et de plus les fonctions dont ils sont investis ne comportent pas de division.

L'article 45 complète les règles de la responsabilité en indiquant les sanctions pénales. Le premier paragraphe de cet article rend applicables aux sociétés anonymes, les articles 13, 14, 15 et 16 que nous avons déjà expliqués.

Le législateur ne fait pas de distinction entre les sociétés existantes et celles qui s'établissent sous l'empire de la nouvelle loi, il met aussi sur la même ligne les sociétés anonymes et les sociétés en commandite.

Le second et dernier paragraphe rend applicables aux sociétés anonymes les trois derniers paragraphes de l'article 10, écrit pour les sociétés en commandite par action. D'après cet article 10, aucune répartitition de dividende ne peut être exercée contre les actionnaires, si ce n'est dans le cas où la distribution en aura été faite en l'absence de tout inventaire ou en dehors des résultats constatés par l'inventaire, l'action en répétition, dans le cas où elle est ouverte, se prescrit par cinq ans à partir du jour fixé pour la distribution des dividendes.

Les prescriptions commencées à l'époque de la promulgation de la présente loi et pour lesquelles il faudrait encore plus de cinq ans à partir de la même époque, seront accomplies par ce laps de temps.

Pour apprécier s'il y a bénéfices, nous avons vu à propos de dividendes fictifs comment on devait procéder.

A ce sujet il est arrivé cependant quelquefois que, dans des entreprises de chemins de fer, lorsque les travaux doivent durer de longues années et retarder ainsi le commencement de l'exploitation, il ait été stipulé des intérêts payables à partir de chaque versement et pris ainsi sur le capital, puisqu'il n'y avait pas encore de bénéfices réalisés. On a dit pour soutenir la validité d'une telle stipulation, que cette clause insérée dans les statuts annonce que le capital nominal de la société n'est pas le capital effectif, et que la mise consiste non dans ce qui a été versé, mais dans ce qui restera lorsque l'exploitation commencera.

Nous pensons que ce que la loi veut, c'est que le capital effectif soit toujours connu et il est difficile d'admettre qu'une société puisse s'affranchir de cette obligation, sous prétexte que les tiers ont été prévenus de la dérogation à la loi commune, par une clause des statuts. D'ailleurs, la loi de 1856 avait tranché la question, elle avait prohibé une telle stipulation d'une manière implicite, mais formelle. Le législateur d'alors n'avait pas fait de différence entre les intérêts et les dividendes. Un arrêt de la Cour de cassation rendu sous la présidence de M. le premier président Troplong a suivi l'opinion contraire ; il a en effet, décidé que les intérêts touchés par les actionnaires ne devaient pas être restitués, quoique la clause de l'acte social, en vertu de laquelle ils ont été payés, n'ait pas été rendue publique. La loi nouvelle pas plus que l'ancienne ne distingue les dividendes des intérêts et cependant la jurisprudence a toujours suivi la même voie.

Avant la loi de 1867, le système dominant et consacré par de nombreux arrêts était qu'il n'y avait pas à tenir compte de la bonne foi ou de la mauvaise foi des actionnaires pour la restitution des dividendes fictifs, attendu que lorsqu'il n'existe point de bénéfices, les dividendes distribués ne sont qu'un remboursement total ou partiel de la mise sociale et que les associés qui les ont reçus sont obligés à la restitution, puisqu'il est de principe général, selon l'article 1376 du Code Civil, que celui qui reçoit sciemment ou par erreur ce qui ne lui est pas dû, est obligé de le restituer.

La Cour d'Aix (22 juillet 1862) dans un arrêt très-bien motivé, disait que l'article 26 du Code de Commerce a voulu limiter l'obligation de l'actionnaire, et quand il a fait l'apport de sa mise totale, son obligation est éteinte. Pour apprécier si cette obligation une fois remplie, il ne nait pas de la distribution de dividendes une nouvelle obligation, il faut savoir si les conditions exigées par la loi pour la distribution des dividendes ont été remplies. Or aux termes des articles 8, 10, 13 de la loi de 1856 c'est au gérant et au conseil de surveillance qu'appartient la responsabilité de la distribution de dividendes fictifs, ou de l'inexactitude dans les inventaires. Quant aux actionnaires ils restent complètement en dehors des opérations sociales. Pour les exonérer de toute responsabilité, il suffit donc qu'un inventaire constatant les bénéfices ait été rédigé par le gérant, que cet inventaire ait été déclaré régulier par le conseil de surveillance et approuvé par l'assemblée générale des actionnaires, auquel cas, l'actionnaire de bonne foi fait siens les dividendes par lui perçus. S'il en était autrement, il serait impossible de trouver des actionnaires, car nul ne voudrait s'exposer pendant trente ans à rapporter des dividendes qu'ils auraient touchés après l'observation de toutes les formalités légales. La Cour d'Aix déterminé par ces considérations se prononçant contre la jurisprudence dominante décidait que les actionnaires ne sont pas tenus, en cas de faillite de la société, de rapporter les dividendes qu'ils ont touchés de bonne foi, quand bien même ces dividendes auraient été pris dans l'actif social, si toutes les conditions exigées pour la distribution régulière des dividendes ont été observées.

La loi de 1867 a consacré ce dernier système, la commission s'inspirant de l'arrêt de la Cour d'Aix, d'après lequel le possesseur de bonne foi de la chose d'autrui fait les fruits siens jusqu'au moment où sa bonne foi cesse, disait : « Sans doute il n'y a pas, en droit identité absolue entre les fruits perçus par le possesseur de bonne foi qui laisse intact le capital, et des dividendes et des intérêts fictifs qui sont une partie du capital même. Il y a au fond parité de situation, car, de même que le possesseur de bonne foi, l'actionnaire les a considérés comme des fruits industriels de son travail, il les a employés à ses dépenses journalières *tantius vixit*, et l'action en rapport exercée après cinq ans ou dix ans peut-être lui apporte sa ruine. N'est-ce pas alors comme si contrairement au principe même de la comman-

dite on lui imposait une perte supérieure à sa mise?
n'est-ce pas d'ailleurs, et c'est la raison décisive,
éloigner des sociétés par actions les capitaux qu'on
peut y attirer? Qui donc, en effet, oserait affronter
le péril d'une action en rapport incertain, mais toujours menaçant? les motifs qui, en 1807 déterminaient le Conseil d'Etat à repousser, en principe,
l'obligation de rapporter les bénéfices, ont paru à
votre commission applicables même au cas ou lors
de leur distribution, les bénéfices étaient purement
fictifs, mais à la condition qu'ils eussent été reçus
de bonne foi.»

Ainsi toutes les fois que les dividendes ont été
pris et réalisés sur un inventaire régulier, les actionnaires ne sont tenus à aucune responsabilité.

Mais s'il a été distribué des dividendes contrairement à l'inventaire, il n'est plus douteux que les
actionnaires, même de bonne foi, et quelles que
soient les clauses de l'acte de société ne soient tenus
à les restituer.

Le quatrième paragraphe de l'article 10 est une
heureuse innovation due à la commission de la
Chambre des députés; désormais, la prescription
pour toute somme reçue à titre de dividende est
acquise après cinq ans, *à partir du jour fixé pour la
distribution*, quelle que soit l'époque où le paiement
a été réellement effectué.

Enfin, le dernier paragraphe applique cette prescription de cinq ans à toute action ouverte en vertu de la législation ancienne, en faisant courir ce délai à partir de la promulgation de la loi. Remarquons, comme le fait M. Alauzet, que, en ce qui concerne les actions en répétition de dividendes ouvertes antérieurement à la présente loi, l'article 10 n'est applicable que quant à l'espace de temps nécessaire pour accomplir la prescription, et nullement quant à la cause qui les a fait naître et qui devrait être appréciée, dans tous les cas, au point de vue des principes posés dans les lois précédentes.

TROISIÈME PARTIE

CHAPITRE Ier.

DISSOLUTION.

La loi commerciale ne s'est pas occupée de la dissolution des sociétés anonymes, sauf quelques dispositions relatives à certains cas spéciaux indiqués dans la loi de 1867. On ne trouve rien à ce sujet ni dans le Code de Commerce, ni dans les lois qui ont suivi la promulgation de ce Code. Il faut donc s'en tenir, à part certaines modifications, aux règles posées dans les dispositions du Code civil relatives au contrat de société.

La dissolution des sociétés anonymes peut avoir lieu de plein droit par l'expiration du temps pour lequel était constituée la société; si, le terme expiré, la société n'a pas terminé ses opérations sociales, elle peut se proroger avec l'assentiment de l'assemblée générale des actionnaires. La mort d'un associé dans les sociétés en nom collectif et en commandite peut être une cause de dissolution ; au contraire, dans les sociétés anonymes, sociétés essentiellement de capitaux, la mort d'un actionnaire ne pourrait empêcher la continuation de la société. Il peut se produire cependant un cas où la mort d'un actionnaire serait une cause de dissolution, c'est le cas où, par suite de cette mort, le nombre des associés serait réduit à moins de sept.

Pour les sociétés anonymes, la dissolution volontaire ne peut être prononcée d'après l'article 31 de la loi de 1867, que par l'assemblée générale, composée d'un nombre d'actionnaires représentant au moins la moitié du capital social : il y a là une dérogation à la règle générale qui veut l'unanimité des intéressés pour modifier les clauses du contrat primitif, cette dérogation s'explique par l'impossibilité de réunir l'unanimité des actionnaires.

On sait que les sociétés anonymes ne peuvent être constituées qu'avec un nombre d'associés supérieur à sept ; à ce propos, l'article 38 dit que la dissolution peut être prononcée sur la demande de toute partie intéressée, lorsqu'un an s'est écoulé depuis l'époque où le nombre des associés est réduit à moins de sept. Cette disposition a été empruntée à la loi de

1863 ; il y a cependant deux différences : 1° les délais ne sont pas les mêmes dans la loi de 1863 : 2° celle de 1867 dispose que dans le cas donné, la dissolution *peut* être prononcée, et ainsi elle rend facultative une disposition qui était impérative dans la loi de 1863.

Aux termes de l'article 37 : « En cas de perte des trois quarts du capital social, les administrateurs sont tenus de provoquer la réunion générale de tous les actionnaires, à l'effet de statuer sur la question de savoir s'il y a lieu de prononcer la dissolution de la société. La résolution de l'assemblée est, dans tous les cas, rendue publique. A défaut par les administrateurs de réunir l'assemblée générale, comme dans les cas où cette assemblée n'aurait pu se constituer régulièrement, tout intéressé peut demander la dissolution de la société devant les tribunaux. »

Lors de la discussion de la loi, la commission avait demandé de quel capital voulait parler l'article 37, était-ce le capital nominal ou le capital obligatoire, le capital réalisé ou le capital exigible ? Le Conseil d'État a refusé d'adopter un amendement qui ajoutait à notre article ces mots : « dont le versement serait réalisé ou obligatoire. » Il est donc certain que l'article 37 parle bien du capital nominal ou capital souscrit.

C'est aux administrateurs qu'il appartient de convoquer l'assemblée des actionnaires ; mais, si les ad-

ministrateurs ne voulaient pas agir, nous pensons
que les commissaires connaissant l'état des choses,
pourraient et devraient prendre l'initiative de cette mesure. L'assemblée générale saisie de la question a un
pouvoir discrétionnaire, *elle juge, s'il y a lieu de prononcer la dissolution de la société.* A ce sujet, on avait
proposé un amendement aux termes duquel, en cas de
perte des trois quarts du capital social, la dissolution
de la société aurait été de plein droit obligatoire.
L'amendement fut repoussé. « Sans doute, a dit la
commission du Corps Législatif, une société qui a
perdu les trois quarts de son capital est bien près de
sa ruine ; et il est à craindre même, dans certains
cas, que la liquidation intervenant dans de telles
conditions ne laisse les tiers en face d'un déficit...
Mais n'arrive-t-il pas, d'un autre côté, que les sociétés
perdent en recherches stériles une partie considérable, les trois quarts de leur capital avant d'atteindre
le succès et la prospérité ? Les condamner à une dissolution de plein droit ne serait-ce pas une disposition
imprudente et excessive ?.»

Soit que l'assemblée repousse, soit qu'elle vote la
dissolution, sa résolution doit être rendue publique.
Il est, en effet, d'une grande importance pour les
tiers de savoir que la société a perdu les trois quarts
de son capital. On sait que si l'assemblée des actionnaires n'a pas été convoquée par les administrateurs

ou par les commissaires, tout intéressé peut s'adresser aux tribunaux qui, après appréciation des faits, prononceront ou repousseront la dissolution. On s'est demandé, à ce propos, si la faculté qui appartient à tout intéressé de s'adresser aux tribunaux dans le cas où l'assemblée des actionnaires n'a pas été convoquée, lui appartient encore si cette assemblée a voté la continuation de la société. Nous le pensons. De ce que la loi de 1867 a accordé à tout associé une procédure spéciale un moyen plus facile pour arriver à la dissolution, il ne s'en suit pas qu'elle lui ait enlevé les bénéfices de l'article 1871 du Code Civil. Dans cette hypothèse, le tribunal ne statuera pas comme second degré de juridiction ; en conséquence, il appréciera le fait et jugera sans s'occuper de la délibération de l'assemblée générale.

La société est dissoute encore, par la perte de la chose qui faisait l'objet de la société, par exemple, un brevet d'invention ou un établissement industriel qu'il s'agissait d'exploiter. L'article 1867 du Code Civil fait rentrer dans cette hypothèse la perte d'un apport, promis par un des fondateurs, qui vient à périr avant que la propriété en ait été transférée à la société. En effet, un des éléments en vue desquels les associés voulaient former le contrat venant à disparaître, la convention manque de se former. Mais si l'apport était devenu la propriété de la société, sa perte a pour unique résultat de porter atteinte à l'intégrité du fonds social. Une simple diminution des ressources de la société n'est pas une cause suffisante de dissolution.

La faillite est-elle une cause de dissolution de la société? C'est un point controversé.

La faillite, dit-on, est un état de choses dans lequel l'actif est absorbé par le passif. Elle entraîne donc extinction de la chose et dissolution de la société. Si cela est vrai, dans bien des cas cependant, il y a des exceptions. En effet, la déclaration de faillite annonce la cessation de paiement, mais elle n'établit pas que l'avoir soit complétement absorbé par les dettes. Il arrivera quelquefois que la liquidation faite, la société se trouve à la tête d'un actif assez considérable. Mais comment, objecte-t-on, la société ne serait-elle pas nécessairement dissoute? elle est dessaisie de l'administration de ses biens ; elle s'était constituée pour agir, pour se procurer des bénéfices, la voici réduite à l'inaction. D'abord le dessaisissement ne peut être que temporaire, il est incontestable que la société peut être admise au bénéfice du concordat C'est ce qui résulte formellement des articles 531 à 604 du Code de Commerce.

M. Pardessus est d'avis qu'il ne faut pas en conclure que la société reprendra sa marche première et continuera d'exister. M. Troplong dit que si elle est réintégrée dans ses conditions d'existence, c'est par l'effet du consentement donné par les associés à cette mesure.

Quant à nous, nous pensons que le dessaisissement n'est pas de nature à entraîner la dissolution de la société, il laisse entre les mains de celle-ci la propriété de son patrimoine et l'intervalle qui sépare le jour où il prend naissance par le jugement déclaratif de faillite, du jour où il se termine par le concordat, on peut dire qu'il n'y a pas de place pour la dissolution.

En effet, contre qui la faillite est elle prononcée? Contre la société en qualité de société. Mais du jour où la faillite est prononcée, la personnalité de la société doit-elle disparaître? La force des choses s'y oppose. C'est contre la société et en cette qualité que sont poursuivies les opérations de la faillite. Des droits lui sont encore attribués par la loi. Jusqu'à l'époque du concordat, elle est active et agissante (art. 475, 477, 487, 494, 505, 506, du Code de Commerce). Et lorsqu'elle est rétablie dans la plénitude de son existence, il est vrai de dire que cette existence n'avait jamais été interrompue.

Mais, s'il n'intervient pas de concordat, la dissolution ne résulte-t-elle pas de l'union des créanciers? Il n'y a pas encore là une conséquence nécessaire, même en présence de l'union des créanciers, le failli demeure investi de certains droits qui lui sont propres (art. 532, 537 du Code de Commerce). Pendant cette période encore, la loi tient compte de la personnalité du failli. Il n'y a donc pour celle de la société aucun motif de disparaître.

C'est seulement lorsque la liquidation de la faillite étant terminée. il se trouve que tout ce qui composait le fonds social a été vendu, qu'il n'y a plus d'actif, c'est alors que la société périt faute d'aliments. Mais il faut bien le remarquer, la dissolution dans ce cas ne résulte pas de la faillite, mais de l'extinction de la chose.

Nous devons, néanmoins observer que si la faillite ne dissout pas nécessairement la société, elle apportera un si grand trouble dans ses affaires que les actionnaires pourront s'en autoriser pour demander la dissolution en invoquant le premier paragraphe de l'article 37 de la loi de 1867.

La loi soumet la dissolution des sociétés anonymes à la publicité exigée pour leur formation. Cette publicité n'est cependant pas exigée pour tous les cas de dissolution. L'article 46 du Code de Commerce l'imposait pour tous les actes portant dissolution de la société avant le terme fixé, pour sa durée, par l'acte qui l'établit. L'article 64 de la loi de 1867 a reproduit la même disposition : l'innovation de cet article consiste dans la nécessité de publier non seulement tous les actes et délibérations portant dissolution, avant le terme fixé, mais encore le mode de liquidation. Nous n'insisterons pas sur ce point que nous avons déjà examiné dans le chapitre précédent.

CHAPITRE II

DE LA LIQUIDATION.

La liquidation a pour but de rendre disponible l'actif, de manière à pouvoir payer les créanciers sociaux et à distribuer l'actif net entre les actionnaires.

La dissolution étant prononcée, il s'en suivrait que l'être moral, la société devrait disparaître. Les fonctions des administrateurs ayant pris fin, chaque créancier, pour recouvrer ce qui lui est dû, devrait exercer des poursuites individuelles contre les associés. On voit par là que la liquidation serait impossible dans les sociétés par actions où les associés sont en très-grand nombre. L'usage commercial a remédié aux difficultés qui pouvaient naître de la substitution de la propriété individuelle à la propriété collective en établissant la fiction de l'existence de la société, pour les besoins de la liquidation. La jurisprudence a reconnu la nécessité de cet usage dans un arrêt de la Cour de Cassation (29 mai 1865), « si par l'effet de la dissolution, a-t-elle dit, la so-

ciété cesse d'exister pour l'avenir et pour les opérations en vue desquelles elle avait été constituée, si
elle ne peut plus vendre, acheter, faire le commerce,
elle continue néanmoins d'exister pour régler ses
affaires accomplies, c'est-à-dire pour se liquider; suivant la formule employée dans le langage commercial, elle ne subsiste plus que pour sa liquidation;
mais à ce point de vue et pour ce but, elle conserve
tous ses droits et tous ses biens. La force des choses
veut qu'il en soit ainsi, pour les nécessités mêmes
de la liquidation, laquelle deviendrait impossible si
on admettait que, par l'effet de la dissolution, la communauté prend la place de la société dissoute, et que
les droits individuels et privatifs des anciens associés
devenus de simples communistes, sont substitués ou
superposés au droit exclusif de la société. »

Le législateur français n'a réglementé nulle part
la liquidation des sociétés commerciales. Dès lors,
c'est à la pratique commerciale, au droit commun,
à la jurisprudence que nous devons emprunter les
règles qui régissent la matière. Nous nous occuperons d'une façon succinte ; 1º de la nomination des
liquidateurs ; 2º de l'étendue de leurs pouvoirs ; 3º de
leurs droits et de leurs obligations envers les tiers
et les associés ; 4º de la prescription des actions relatives à la liquidation.

Les liquidateurs sont nommés par les actionnaires ;

les statuts, en effet, ne pourraient pas les désigner, cela serait contraire aux principes posés dans l'article 25; néanmoins si les statuts indiquaient que les administrateurs en fonctions, au moment de la dissolution, seraient les liquidateurs, la validité de cette clause ne saurait être contestée, toute liberté, en effet, dans ce cas, étant laissée aux actionnaires.

La majorité, pour la nomination des liquidateurs, est la même que celle qui est exigée pour la validité des délibérations des assemblées annuelles d'actionnaires.

Les administrateurs, dans les sociétés anonymes, doivent être pris parmi les associés, en est-il de même pour les liquidateurs? On peut dire que les pouvoirs des liquidateurs étant très-étendus, ils doivent offrir des garanties identiques à celles qu'on exige des administrateurs. Il faut répondre que la situation n'est pas la même au moment de la formation ou de la dissolution de la société; lors de la formation chacun est libre de n'y pas entrer, s'il ne lui semble pas que parmi les associés il y en ait de capables de remplir les fonctions d'administrateurs; au contraire, lorsque la dissolution est prononcée, elle s'impose à tous. Il est donc juste, alors, que, s'il n'y a pas d'associés aptes à être liquidateurs, les intéressés puissent avoir recours à des étrangers.

Les actionnaires peuvent nommer un ou plusieurs

liquidateurs, leur mandat est révocable comme tout mandat, et prend fin par l'achèvement de la liquidation.

Les pouvoirs des liquidateurs, selon certains auteurs, seraient restreints aux termes de l'article 1988 du Code Civil; ils ne pourraient donc faire que des actes d'administration, cette opinion est inadmissible, car avec des pouvoirs aussi peu étendus, la liquidation deviendrait impossible. Il faudrait pour le moindre acte d'aliénation convoquer les associés, de là, des complications innombrables que la pratique commerciale a voulu éviter en instituant la liquidation. Aussi, pensons-nous qu'on doit accorder aux liquidateurs, sauf stipulations contraires, des pouvoirs s'étendant à toutes les opérations qu'exige le règlement des affaires sociales.

Cependant les liquidateurs ne pourront pas se livrer à de nouvelles opérations commerciales dans le but de réaliser des bénéfices, ils pourront seulement continuer l'exploitation d'une usine appartenant à la société, s'ils doivent en tirer un meilleur prix en la vendant en pleine activité ou bien si l'exploitation est nécessaire pour l'entretien du matériel.

Le liquidateur peut-il donner en nantissement des choses immobilières? La Cour de Cassation a jugé que les liquidateurs peuvent prendre toutes les mesures utiles aux intérêts de la société, et, que par conséquent, lorsqu'un tiers a cautionné la société pour un achat à condition que les marchandises achetées lui seront remises en nantissement, ils ne sortent pas de la limite de leurs pouvoirs en faisant cette remise. (Cassation, 5 mars 1850.)

Une question plus controversée est celle de savoir si le liquidateur a le droit de négocier les effets de commerce en portefeuille; on dit que négocier des effets de commerce pour s'en procurer la valeur, c'est engager sa signature, c'est augmenter la masse des obligations sociales, ce que le liquidateur ne peut faire. La jurisprudence n'a pas suivi cette opinion, elle a dit que, sans doute, le liquidateur ne peut pas augmenter les obligations sociales, mais qu'il y a des exceptions à cette règle, et que l'on se trouve justement dans ce cas, lorsqu'il y a des effets en portefeuille. Un jugement du tribunal de Dieppe, confirmé par la Cour de Rouen (26 août 1845), consacre cette faculté pour le liquidateur : « La liquidation d'une société, dit la Cour, consiste à réaliser l'actif pour acquitter le passif et partager ensuite le surplus entre les sociétaires. Pour parvenir à ce résultat, le liquidateur, dont l'étendue du mandat ne se trouve fixée dans aucun texte de loi, a nécessairement le pouvoir de vendre les marchandises appartenant à la société, d'en recevoir le prix et de toucher le prix de toutes les sommes à elle dues; il a aussi, évidemment le droit de se faire souscrire des billets à ordre par les

débiteurs de cette société, et de les négocier ainsi que
ceux qu'il aurait trouvés en portefeuille, lors de son
entrée en fonctions, dans le but, soit d'en faciliter le
recouvrement, soit de se procurer des fonds dont il
aurait besoin en sa dite qualité. Si cette dernière faculté lui était interdite, il serait exposé à être souvent
paralysé dans sa gestion. L'intention des anciens sociétaires n'est certainement pas d'apporter de telles
entraves à des opérations que chacun d'eux doit dé-
sirer voir terminer le plus promptement possible,
l'on ne comprendrait pas comment un liquidateur
pressé de solder une créance due par la société, pourrait, afin d'éviter en même temps des poursuites
onéreuses, et qu'aucune atteinte ne fût portée au crédit de la maison sociale, se servir, pour éteindre sa
dette, des fonds provenant du prix des marchandises
ou de sommes qu'il aurait touchées directement des
débiteurs, et ne pourrait pas, dans les mêmes circonstances, faire usage du papier qu'il aurait en portefeuille. »

Les liquidateurs peuvent aussi vendre les immeubles
sociaux, car le prix peut en être nécessaire pour
éteindre le passif.

Quant au droit d'hypothèquer, la Cour de Cassation
décide que les liquidateurs n'ont pas ce droit, même
dans le cas où l'hypothèque a été consentie pour
obtenir le renouvellement des effets échus souscrits

par la société. (Cassation, 2 juin 1836.) Constituer une hypothèque, selon la Cour suprême, c'est créer une charge nouvelle. Nous ne partageons pas cette opinion ; en effet, constituer une hypothèque, c'est grever d'une charge réelle un bien immobilier et qui peut amener la vente de ce bien, ce qui est parfaitement permis aux liquidateurs par la jurisprudence.

Nous n'accordons pas aux liquidateurs le droit de conclure des emprunts, quand bien même ces emprunts auraient pour objet d'acquitter des dettes sociales. Les actionnaires en leur donnant mandat de liquider la société, ne leur ont pas accordé le pouvoir de créer de nouvelles charges sociales. Notons que les intéressés peuvent étendre les pouvoirs des liquidateurs autant qu'ils le jugeront bon. Ainsi, il dépend d'eux d'ajouter le droit d'emprunter qui, en principe n'est pas compris dans les pouvoirs ordinaires des liquidateurs.

Nous allons maintenant préciser les droits et les obligations des liquidateurs envers les associés et envers les tiers.

A leur entrée en fonctions, ils sont tenus de faire l'inventaire des biens mobiliers et immobiliers, des dettes de la société. En principe, ils ne sont pas tenus de donner caution, mais au moment de leur nomination, les actionnaires peuvent stipuler qu'ils seront astreints à cette obligation, ils devront alors s'y soumettre.

Les liquidateurs sont les mandataires des associés et, en cette qualité, et comme continuateurs de l'être moral société, ils peuvent poursuivre les actionnaires qui n'auraient pas effectué tous leurs versements. Ils devront rendre compte de leurs mandats à ceux dont ils tiennent leurs pouvoirs; aussi ils dresseront des états de situation qu'ils communiqueront aux actionnaires lorsqu'ils en seront requis. Ils doivent apporter à la liquidation tous les soins d'un bon père de famille. Aussi, par application des règles posées dans l'article 1992 du Code Civil ils sont responsables de la valeur des effets qu'ils n'auraient pas fait protester à temps. Ils seraient encore responsables, s'ils n'avaient pas renouvelé des inscriptions en temps utile, s'ils avaient laissé accomplir des prescriptions, s'ils avaient vendu des marchandises au-dessous du cours, etc.

Les liquidateurs ne peuvent pas se substituer des mandataires, car ils ont été investis de leurs fonctions, en vertu de la confiance toute personnelle qu'ils inspiraient. Néanmoins, le bénéfice de l'article 1994, ne leur est pas refusé. Dans ce cas, ils ont le droit de se substituer un tiers, mais ils répondent de toutes les fautes de ce dernier.

La société de son côté est tenue à des obligations envers les liquidateurs. Elle doit leur rembourser toutes les sommes qu'ils ont déboursées, et, les rendre indemnes de tous les engagements qu'ils ont contractés dans son intérêt, elle doit aussi leur payer des honoraires, s'il en a été stipulé.

Vis-à-vis des tiers, les liquidateurs représentent la société; en conséquence, ils doivent discuter et arrêter les comptes présentés par les créanciers sociaux, répondre aux actions personnelles et réelles, prévenir ou terminer les procès en transigeant, s'ils en ont reçu le pouvoir. Il leur appartient de recevoir tous les paiements et d'en donner quittance, les débiteurs pour être libérés, devront payer entre leurs mains. A défaut de clause contraire dans les statuts, ils doivent agir en justice au nom de la société qu'ils représentent et faire exécuter les condamnations prononcées contre les débiteurs sociaux.

Nous allons nous occuper de la prescription quinquennale établie par l'article 64 du Code de Commerce.

Quand peut-on considérer la liquidation comme terminée? Sur ce point, nous avons deux décisions de la jurisprudence qui sont en sens contraire. Un arrêt de la Chambre des requêtes décide que la réception par les actionnaires du compte de gestion du liquidateur, met fin à la liquidation. Un autre arrêt de la Chambre civile rendu en matière fiscale, dit que c'est lorsque l'excédant de l'actif a été réparti entre les actionnaires que la société cesse réellement d'exister comme être moral. Nous nous rallions volontiers à cette dernière opinion. En effet, tant qu'il n'y a pas eu distribution entre les actionnaires de l'actif, il faut qu'il y ait un être moral pour présider à cette distribution et il est donc utile que la personnalité de la société subsiste jusqu'à la dernière opération de la liquidation. La prescription de l'article 64 du Code de Commerce ne s'appliquant pas aux actions des créanciers contre la société, ceux-ci peuvent poursuivre la société débitrice et la faire condamner.

La société pendant son fonctionnement est soumise en matière de prescription aux règles du droit commun, mais après la dissolution, une dérogation est faite à cette règle; les actions contre les associés, dit l'article 64 du Code de Commerce, sont prescrites par cinq ans, remarquons que les actions des créanciers contre le liquidateur sont prescriptibles par trente ans.

La première condition pour que cette prescription soit applicable, est la dissolution de la société. En effet, il a été établi qu'on ne pouvait l'appliquer en cas de faillite, ni par exemple, en cas de transformation de la société ou de substitution d'une nouvelle société à une société antérieure.

Certains auteurs en prenant pour base de leur opinion la discussion de l'article 64 au Conseil d'Etat, ont prétendu que la prescription établie par cet article ne pourrait pas être invoquée par les actionnaires qui, au moment de la dissolution, seraient encore débiteurs envers la société de tout ou partie de leurs actions. La Cour de cassation a jugé en sens contraire : « Attendu a-t-elle dit, que l'article 64 du Code de Commerce déclare prescrites par cinq ans toutes les actions formées contre les associés non liquidateurs, sans établir aucune distinction sur la nature de la société à laquelle s'applique la liquidation..... (21 juillet 1835). Nous partageons cette opinion, les termes dont s'est servi le législateur sont généraux ; pourquoi faire des restrictions là où le législateur a voulu appliquer cette faveur à tous les associés sans distinguer la nature de la société à laquelle ils appartenaient.

Doit-on appliquer la prescription de notre article, au cas où les actionnaires ont été apportionnés de valeurs sociales avant l'extinction complète des dettes sociales ? L'obligation ici prend naissance au moment du partage, lequel bien souvent peut suivre la dissolution de la société à plus de cinq ans de distance, on ne peut donc admettre que l'action des créanciers soit prescrite avant d'être née. Il est vrai que la Cour de Cassation a jugé que la prescription de l'article 64 s'appliquait *à toutes actions*, et que, par conséquent, on ne devait pas faire exception pour le cas que nous indiquions. Nous avons donné le motif qui nous faisait admettre une autre solution.

Ainsi, il reste admis par la jurisprudence que la prescription de l'article 64 peut être opposée par les actionnaires à toutes poursuites exercées contre eux à raison des engagements sociaux contractés, soit avant la dissolution de la société, soit après et pendant la liquidation, sauf le cas que nous venons de signaler.

L'article 64 accorde le bénéfice de la prescription quinquennale aux associés *non* liquidateurs, à leurs veuves, héritiers ou ayants-cause. Doit-on conclure de là qu'il la refuse aux associés liquidateurs? M. Troplong est pour l'affirmative : « En droit commun, dit-il, la prescription est de trente ans, pour la réduire à un moindre temps, il faut une disposition particulière (art 2262 et 2264 du Code Civil). Où est cette disposition? J'en lis bien une dans l'article 64 du Code de Commerce, en faveur des associés *non liquidateurs*, mais en ce qui touche les associés liquidateurs, cet article est muet. Je ne tirerai pas avantage de la maxime si souvent trompeuse : *Qui dicit de uno de altero negat.* Je considérerais qu'il n'y a pas exclusion expresse du liquidateur, mais tout au moins il y a silence, et c'est ce silence qui le laisse sous le droit commun. Quelques phrases empruntées à la discussion du Conseil d'Etat ne peuvent suppléer à l'absence de cette loi, toujours nécessaire pour substituer une prescription abrégée à la prescription ordinaire... »

La Cour de Cassation va plus loin, elle dit que l'associé qui a participé à la liquidation par divers actes de concours, ne peut invoquer la prescription de cinq ans dont profitent les associés non liquidateurs à l'égard des tiers. Nous ne partageons pas cette opinion, malgré l'autorité incontestable qu'elle tire des auteurs qui la soutiennent.

Nous pensons que, dans l'associé liquidateur, on doit voir deux personnes : l'associé et le liquidateur. Est-il poursuivi comme associé ou comme liquidateur ? Dans le premier cas, l'application de l'article 64 lui est applicable ; dans le second, on doit suivre les règles du droit commun. Pourquoi, en effet, le retenir dans les liens de l'obligation lorsque les autres associés sont libérés ?

Dans l'opinion contraire, il est vrai, on accorde à l'associé liquidateur un recours contre ses co-associés pour les forcer à contribuer au paiement des dettes. Mais le droit de recours sera impossible à exercer, à moins de violer le texte même de la loi. En effet, l'article 64 déclare que *toutes actions* contre les associés sont éteintes au bout de cinq ans après la dissolution. La loi veut donc que les associés, après ce délai, soient *complètement libérés*. Ainsi l'opinion intermédiaire que nous suivons s'accorde, à la fois, avec le texte et l'esprit de la loi, puisque l'égalité qui doit subsister entre les associés reste intacte.

La prescription abrégée n'a pas lieu dans les relations des actionnaires avec les liquidateurs, elle ne peut pas, non plus, être opposée par la société en liquidation aux poursuites des créanciers sociaux. Elle est étrangère aussi aux actions que les associés pourraient avoir les uns contre les autres.

La prescription établie dans l'article 64 peut être interrompue *par des poursuites judiciaires*. En employant cette formule, le législateur n'a nullement voulu exclure les causes d'interruption inscrites par les articles 2244, 2245 et 2248 du Code Civil. Quant aux causes de suspension, on suit le droit commun, d'après lequel la suspension résultant de l'incapacité des créanciers ne s'applique pas aux prescriptions de courte durée.

CHAPITRE III.

DU PARTAGE.

Le partage des sociétés anonymes se trouve placé sous l'empire du principe général posé par l'article 1872 du Code Civil, qui étend aux sociétés les règles concernant le partage des successions.

L'usage et la doctrine ont introduit des dérogations importantes à ces règles.

Ainsi, il n'y a pas lieu de se préoccuper de l'état des personnes; peu importe que parmi les associés se trouvent des mineurs, des interdits ou des absents. Il ne sera nécessaire ni d'apposer les scellés, aussitôt après la dissolution de la société, ni de recourir à la forme du partage judiciaire.

Cet usage se justifie aisément par la considération des lenteurs, des frais, des difficultés qu'entraînerait la pratique contraire. Le nombre des actionnaires, inconnus le plus souvent, si les actions sont au porteur, l'importance du capital social rendrait ces inconvénients plus sensibles dans les sociétés par actions que dans tout autres.

En droit, les associés sont dans l'indivision ; l'article 529 du Code Civil ne permet pas de le contester. Ils n'y sont pas en fait. La société, personne morale, continue d'être réputée propriétaire du fonds social ; c'est elle qui, représentée par les liquidateurs, accomplit toutes les opérations nécessaires pour arriver à attribuer à chaque associé une part divise du fonds commun. Il est également constant que l'article 841 du Code Civil, qui autorise l'exercice du retrait à l'encontre du cessionnaire des droits du copartageant, ne reçoit pas son application en matière de société. Il n'y a pas ici de famille dont il faille sauvegarder les secrets, pas de proches parents entre lesquels il importe de maintenir l'union. La faculté de céder les actions fournit entre autres un argument décisif.

Les créanciers des associés ont droit de revendiquer le bénéfice de l'article 882 du Code Civil, et d'intervenir au partage ; mais faut-il déroger à la conséquence que l'article 882 tire de ce droit, et leur permettre, en outre, d'attaquer le partage consommé ?

Des auteurs ont soutenu que la règle de l'art. 882 n'était pas applicable en matière de société ; on a dit : l'article 1872 n'étend aux sociétés que les règles ayant trait à la forme du partage des successions et aux droits des co-partageants entre eux. En outre, le partage d'une société n'est pas notoire comme celui d'une succession et sa rescision ne porte aucun trouble dans les familles.

Nous ne suivons pas cette opinion : l'article 1872 est général et, s'il est permis de déroger aux règles des successions, c'est dans le cas seulement ou l'application de ces règles rencontrerait des obstacles insurmontables, ou serait incompatible avec la nature des sociétés. Quant à la notoriété, si elle l'emporte d'un côté, c'est bien du côté des sociétés dont la naissance, la vie et la mort sont également publiques. Enfin, la prohibition de l'article 882, n'est pas motivée seulement par la crainte de porter le trouble dans les familles, mais aussi par les inconvénients considérables qu'entraîneraient à tous les points de vue l'annulation d'un partage, œuvre lente et compliquée, et la nécessité de la reconnaissance. Ces inconvénients ne se présenteraient pas en matière de société, à un degré moindre qu'en matière de succession, et il n'y a pas moins intérêt de les prévenir. Ce résultat peut être obtenu par l'intervention des créanciers au partage, et elle garantit leurs intérêts dans une mesure assez large pour qu'il ne soit pas nécessaire de sacrifier à leur protection, les autres intérêts de toute nature qui, le partage une fois consommé, en réclament le maintien.

Le nombre des actionnaires, la composition du

fonds social, dans lequel les immeubles, s'ils s'en ren-
contrent, sont affectés la plupart du temps, à l'établissement commercial, et forment un tout, peu
susceptible de division, rendront sans doute particu-
lièrement rare l'hypothèse d'un partage en nature.

Cependant, aucune raison sérieuse ne nous paraît
s'opposer à ce que l'art. 826 du Code reçoive, en notre
matière, son application. Chaque associé pourra donc,
lorsque ce sera possible, réclamer sa part en nature
des meubles et immeubles sociaux.

Il est certain que le principe de l'effet rétroactif du
partage posé par l'article 883 du Code civil, doit
aussi être étendu à la matière des sociétés. Il y a
seulement controverse sur la mesure dans laquelle ce
principe doit être appliqué. Convient-il de faire re-
monter l'effet rétroactif jusqu'à l'époque de la constitution de la société, ou seulement jusqu'à l'époque
de sa dissolution? L'opinion qui s'en tient à cette
dernière solution nous paraît devoir être admise.
Avant la dissolution, il n'y avait pas indivision, mais
propriété de la société, personne morale. C'est à cette
personne morale que dans la réalité des choses, les
associés ont succédé.

Mais, disent les partisans de l'opinion contraire,
l'idée de co-propriété et d'indivision est inséparable
de l'idée de société. Si elle est momentanément inter-
ceptée par la personnalité civile, cette personnalité

ayant disparu au moment de la dissolution, l'effet rétroactif ne rencontre plus aucun obstacle et agit en toute liberté sur le passé. Sans doute, quand s'opère le partage, la personne civile a disparu. Mais est-ce une raison pour ne plus en tenir aucun compte ?

La loi reconnaît formellement cette personnalité civile ; l'art. 529 du Code Civil l'atteste. Pourquoi donc bouleverser la réalité du passé par une fiction, qui se trouverait, d'ailleurs, sans utilité pratique. En effet, quelle serait la conséquence logique de l'effet déclaratif, reporté jusqu'à l'époque de la formation ? Ne serait-ce pas anéantir tous les droits dont la création serait l'œuvre de la personne civile ? Cependant il n'est pas un partisan de ce principe qui ne recule devant une pareille conséquence, et il devient nécessaire de créer une théorie pour démontrer comment le principe étant admis, il n'entraînera pas précisément les résultats qui lui appartiennent en propre. N'est-ce pas la condamnation du système ? Il n'a plus dès lors aucune raison d'être. Le système de la rétroactivité limité à l'époque de la dissolution n'est pas seulement exact en théorie ; il est aussi le seul qui puisse être admis en pratique.

NOUVEAU PROJET DE LOI SUR LES SOCIÉTÉS.

Nous ne pouvons terminer notre étude sur les sociétés anonymes, sans signaler un projet de loi sur les sociétés par actions, qui a été soumis à l'examen de la section de législation du Conseil d'Etat. La loi de 1867, n'a pas paru à des personnes compétentes, répondre aux besoins que le développement considérable des sociétés par actions a fait naître.

En effet, il s'est créé dans les années 1878 et 1879 plus de 2.000 sociétés, en commandite par actions ou anonymes. Aussi, a-t-on pensé qu'il serait utile de modifier l'ancienne législation, et de la mettre en mesure d'arrêter quelques abus que la loi de 1867 n'a pas pu empêcher.

Le projet en question s'occupe de la souscription, du capital, des émissions d'actions à prime, de la fusion des sociétés, de la nomination des administrateurs, de la création d'obligations et du droit pour les obligataires de contrôler les actes des administrateurs de la société.

En voici les points principaux : 1° les sociétés par actions ne seront définitivement constituées qu'après le versement de la *totalité* du capital souscrit; 2° les actions ne pourront être offertes *au-dessus du pair* par souscription publique qu'après que la société aura douze mois consécutifs d'exercice et que les administrateurs auront rendu compte du résultat des opérations de ces douze mois; 3° les actions créées en représentation d'apport, ou par suite de fusion en une seule de deux ou plusieurs sociétés, ne pourront être détachées de la souche et négociées que lorsque la société aura opéré pendant trois exercices consécutifs d'une année chacun, et, du résultat desquels les administrateurs auront rendu compte; 4° les gérants, directeurs ou administrateurs d'une société, ne pourront remplir ces fonctions dans deux sociétés à la fois; 5° les sociétés par actions ne pourront émettre par souscription publique, des obligations en quelque forme et sous quelque nom que ce soit, que jusqu'à concurrence de la moitié au plus du capital social, après déduction des apports mobiliers autres qu'espèce. Si la société possède des immeubles, ils seront affectés spécialement par première hypothèque inscrite à la diligence des administrateurs, sous responsabilité solidaire de ceux-ci et des membres des conseils de surveillance, s'il y en a, à la garantie des obligations. S'il y a plusieurs séries d'obligations, elles prendront hypothèque, par série, dans l'ordre de succession des émissions; 6° les obligataires pourront se réunir et nommer de un à cinq mandataires, chargés de les représenter dans la défense de leurs intérêts collectifs. Ces mandataires seront admis à toutes les assemblées générales de la société et auront, quant à la communication des comptes et renseignements y relatifs, les mêmes droits que les actionnaires; 7° les assemblées d'obligataires seront tenues conformément aux prescriptions de la loi du 24 juillet 1867, relatifs aux assemblées d'actionnaires.

Nous ne reproduisons que les articles importants de ce projet de loi : il ne nous appartient pas de le commenter. Néanmoins, ce qui frappe à première vue, c'est le régime restrictif sous lequel seraient placées, par ce changement de législation, les sociétés par actions. Pour remédier à quelques abus, le législateur voudrait apporter des entraves au droit d'association, qui d'un accord unanime est une des causes principales du développement de la richesse publique. N'oublions pas que nous sommes en face d'un simple projet, qui peut-être ne sera pas présenté de si tôt aux Chambres, et qui, lors de la discussion, subira certainement des modifications importantes.

DROIT ROMAIN

DE LA SOCIÉTÉ

(Dig. Lib. XVII, tit. II. — Cod., Lib. IV, tit. XXXVII.)

ÉLÉMENTS ESSENTIELS AU CONTRAT DE LA SOCIÉTÉ.

La société est un contrat consensuel par lequel deux ou plusieurs personnes conviennent de mettre en commun certaines valeurs, afin d'en retirer un bénéfice et de le partager. Ainsi pour que le contrat se forme il faut le consentement des parties, il faut que chacune d'elles fasse un apport et il faut enfin que les associés aient pour but de retirer de la société un avantage commun. Nous étudierons ces trois éléments du contrat dans trois sections.

13

Du consentement.

La société était un des contrats qui se formaient *solo consensu*, le consentement était *la causa civilis* d'où découlait l'action. Quand Modestin nous dit que la société peut naître *et re et verbis et per nuntium*, il n'entend pas que la société soit un contrat réel comme le *mutuum*, ou verbal comme la stipulation ; il veut seulement exprimer que le consentement peut se manifester par la mise en commun, *re ;* par un accordent exprès avec ou sans stipulation, *verbis :* ou encore par l'intermédiaire d'un tiers *per nuntium.*

Le consentement doit émaner d'une personne capable, mais comme il s'agit d'un contrat du droit des gens, toute personne ayant l'usage de la raison peut contracter société : Ainsi les fils de famille et les esclaves le peuvent aussi bien que s'ils étaient *sui juris.*

Le consentement peut-être pur et simple, à terme ou conditionnel. Cependant Justinien, (Loi 6 au code *pro socio*), nous dit positivement qu'autrefois il y a eu un doute sur le point de savoir si la société peut être contractée sous condition. Quelle était la raison de ce doute ? Cujas a prétendu que la réalisation des mises devait se faire par mancipation et que dès lors il était impossible de faire un apport conditionnel, puisque les *actus legitimi* ne sont pas susceptibles de comporter une condition (loi 77 du reg. juris). Si, ajoute-t-il, Justinien parle de la société conditionnelle comme universellement admise sous son règne, c'est que la mancipation avait été remplacée par la tradition. Nous ne pouvons accepter cette explication pour plusieurs raisons : 1° Les *actus legitimi* n'admettaient pas de condition, mais ils ne comportaient pas davantage de terme ; et les jurisconsultes qui discutaient sur la validité de la société conditionnelle n'auraient pas manqué de comprendre le terme dans leurs discussions si la cause de leur doute se trouvait dans la règle rappelée par Cujas. Or, Justinien ne nous dit pas que que la validité du terme ait jamais été contestée. — 2° S'il est vrai que les *actus legitimi* ne comportent pas de condition, cela ne doit s'entendre que des conditions expresses (loi 77 de reg. juris); et dans notre matière la condition est tacite. En effet, la condition ne se trouvait exprimée que dans le contrat de société et la mancipation se faisait purement et simplement avec cette restriction sous entendue que la translation de propriété serait subordonnée à l'existence de la société. — 3° Enfin, l'objet des apports pouvait être *res nec mancipi* et dès lors il n'était plus besoin d'*actus legitimi*, que restait-il pour empêcher l'addition d'une condition, puisque la tradition peut toujours être conditionnelle ? Peut-être pourrait-on trouver le motif du doute dans la bizarrerie de la position de l'associé conditionnel qui n'étant jamais sûr de recueillir le profit des opérations sociales, y apportera moins de diligence.

De l'apport.

Le second élément de la société est l'apport que doit faire chaque associé. Il n'est pas nécessaire que les apports soient égaux ; si l'un des associés apporte plus que les autres, il pourra recevoir comme compensation une part des bénéfices plus grande. Cela même n'est pas indispensable, les parts de bénéfices peuvent fort bien, nous le verrons, ne pas être proportionnelles aux apports, par exemple, une société *totorum bonorum* peut se former entre des personnes dont les fortunes ne sont pas égales. Il faut seulement que chacune des parties fasse un apport ; le but de la société étant de réaliser et de partager des bénéfices, il est rationnel d'exiger que tous ceux qui doivent avoir une part dans les bénéfices aient mis quelque chose dans la masse commune. S'il en était autrement, il y aurait donation et non société. Or, comme dit Ulpien, « *donationis causa societas rectè non contrahitur.* » (L. 5, § 2, eod tit.) Ainsi un contrat qui présente ce caractère de libéralité, d'avantage purement gratuit pour l'une des parties ne vaut pas comme société. C'est pour cela que, d'après l'opinion de Labéon rapportée par Ulpien, le mineur de 25 ans qui s'est engagé dans une société formée *donationis causa* n'a pas droit à la *restitutio in integrum ;* le secours du préteur lui est en effet inutile, une telle société n'ayant aucun effet, même entre les parties majeures.

Du reste le contrat qui nous occupe, qui a les caractères d'une libéralité et qui ne vaut pas comme société, ne vaut pas non plus comme donation, au moins dans le droit antérieur à Justinien. A cette époque la donation ne pouvait se faire par un simple pacte. Aussi Ulpien déclare nulle une société contractée, *donationis causa* entre époux, « *Quia nulla societas est quæ donationis causa interponitur, nec inter cæteros et propter hoc, nec inter virum et uxorem.* » Jusqu'à Justinien la convention de donner n'était qu'un simple pacte et ne produisait aucune action, si ce n'est *inter parentes et liberos* (Cod. Théod. I, 4, lib. VIII, tit. XII). Mais une constitution de cet empereur (L. 35, § 5, Cod., de Donat., lib. VIII, tit. LIV) a donné force obligatoire à la donation sans qu'il soit besoin de recourir à la stipulation ou à la tradition. En conséquence, la convention dont il s'agit, si elle ne vaut pas en tant que société, a dans

le dernier état du droit les effets d'un pacte de donation et produit la *condictio ex lege* sauf la nécessité
de l'insinuation au delà de 500 solides.

Quoiqu'il en soit, pour qu'il y ait véritablement
société il faut toujours que chacune des parties apporte quelque chose, de l'argent ou toute autre valeur.
D'une manière générale on peut dire que tout ce qui
est susceptible d'estimation pécuniaire peut être
l'objet d'un apport. La loi 52, § 7, Digest., pro. soc.
nous fournit un exemple remarquable dans lequel
l'une des parties apporte son argent et l'autre son
industrie. « Entre Flavius Victor et Velleius Asianus,
il avait été convenu que sur un terrain acheté des
deniers de Victor, Asianus construirait un bâtiment
et que le bâtiment étant ensuite vendu, Victor ré-
prendrait sa mise et une somme déterminée, aban-
donnant le surplus à Asianus, qui apportait son industrie à la société ; il y aura lieu, dit le jurisconsulte,
à l'action *pro socio.* »

Ce ne sont pas seulement les capitaux et l'industrie
qui peuvent faire l'objet d'un apport ; l'un des associés peut aussi apporter son crédit et l'on tiendra
compte de cet élément dans la fixation des parts. Il
faut en dire autant de la propriété et de l'usufruit
des corps certains, de la propriété et du quasi-usufruit des choses *quæ ex pondere, numero mensurave
constant ;* il en est de même des choses futures, telles

que l'hérédité d'une personne vivante (L. III, § 2, Dig.).
Mais bien entendu, nous n'entendons parler ici que
de la succession future d'une personne incertaine ;
quant à celle d'une personne vivante déterminée, elle
ne peut être l'objet d'aucune convention, sans le consentement de cette personne.

La loi 58, Dig. pr. socio., nous donne l'exemple
curieux d'une société dans laquelle les associés apportent, non pas la valeur intrinsèque de certaines
choses, mais la valeur exceptionnelle que ces choses
acquièrent par le seul fait de leur réunion. Dans ce
texte Ulpien se demande si l'action *pro socio* est ouverte au profit de celui dont l'apport a péri. Et à ce
propos il rapporte l'espèce suivante qu'il emprunte
à Celse : « Vous avez trois chevaux et j'en avais un,
« nous avons contracté une société afin de vendre le
« quadrige formé par la réunion de ces quatre che-
« vaux et il a été convenu que je recevrais le quart
« du prix. Dans ces circonstances, si mon cheval
« périt avant la vente, Celse dit qu'il ne pense pas
« que la société subsiste et suivant lui, vous ne devez
« aucune part du prix de vos chevaux, car la société
« n'a pas été formée dans le but de posséder un
« quadrige en commun, mais afin de vendre les
« quatre chevaux ensemble. » Ainsi le jurisconsulte
admet que l'on peut, tout en conservant la propriété
et la jouissance de sa chose, mettre en société pure-

ment et simplement la destination vénale de cette chose. Dans l'espèce les parties s'étaient proposé uniquement de vendre leurs chevaux ensemble dans l'espoir d'en tirer un meilleur prix ; c'est pour cela que le propriétaire du cheval qui a péri avant la vente n'a pas l'action *pro socio*. Celse ajoute qu'il en serait autrement si les contractants avaient voulu former et mettre en commun le quadrige, de façon que la part de l'un fût trois fois plus forte que celle de l'autre, alors la société subsisterait malgré la perte de l'un des chevaux. Ce dernier exemple prouve jusqu'à l'évidence que toutes les choses susceptibles d'évaluation pécuniaire peuvent faire l'objet d'un apport.

Nous avons maintenant à rechercher quel droit a la société sur les apports des associés. Ce droit varie suivant les cas et à cet égard nous devons distinguer quatre hypothèses :

1° L'apport consiste dans la translation de la copropriété d'un corps certain ; s'il s'agit d'une chose *nec mancipi*, cette translation s'opérera par tradition ; pour les choses *mancipi*, il faudra avoir recours à la *mancipatio* ou à l'*in jure cessio*. Et alors la chose apportée fait partie du fonds commun que l'on partagera lors de la dissolution ; elle est aux risques de la société ; sa perte ne prive pas l'associé de sa part dans les bénéfices. Toutefois cela n'est rigoureusement vrai que pour la société pure et simple ; en supposant une société conditionnelle, si le corps certain périt avant la réalisation de la condition, l'obligation de celui qui devait en transférer la propriété ne naît pas faute d'objet et l'obligation des autres ne naît pas faute de cause, de sorte que l'associé qui ne peut remplir son engagement perd par cela même tous ses droits.

2° L'apport consiste dans la constitution d'un droit d'usufruit sur un corps certain ; en pareil cas, l'associé reste propriétaire de la chose, et la prélève en nature avant le partage ; si elle périt par cas fortuit, l'associé nu-propriétaire éprouve sans doute une perte, mais les risques sont pour la société, en ce sens que cet associé conserve néanmoins son droit aux bénéfices.

3° Nous venons d'appliquer les règles de la vente. Ce sont celles du louage qui reçoivent leur application, lorsque l'associé s'est simplement obligé à faire jouir la société d'un corps certain. Il est alors dans la position d'un bailleur ; évidemment il reste propriétaire et si la chose périt, d'une part il se trouve libéré vis-à-vis des autres associés et d'autre part il n'a plus aucun droit dans les bénéfices. (L. 33, dig., locat. conduct. lib. **XIX**, tit. **II**).

4° Enfin il peut se faire que l'apport consiste en un droit de quasi-usufruit sur des choses *quæ ex pondere, numero, mensurave constant.* Alors conformémeat aux règles du quasi-usufruit, l'associé prélève avant le partage des choses de même nature et de même valeur. Les risques sont pour la société dès que l'apport est réalisé; jusque-là, ils sont pour l'associé qui ne serait pas libéré par la perte fortuite des choses qu'il se proposait de livrer.

Bien entendu, le prélèvement dont nous venons de parler n'a lieu que si l'apport consiste dans le quasi-usufruit, et non dans la propriété même de l'argent ou des choses qui en font l'objet; quelquefois il y a doute sur le point de savoir si l'associé s'est engagé à apporter l'usufruit ou la propriété et si, par conséquent il a ou non droit au prélèvement.

Du but de la société.

Le contrat doit offrir à toutes les parties, l'espoir de réaliser des bénéfices communs et licites; si dans une même affaire chacun poursuit isolément des profits particuliers, il pourra bien y avoir mandat, louage d'industrie ou contrat innommé, mais il n'y aura jamais société.

Nous trouvons cette doctrine dans plusieurs textes: deux propriétaires conviennent qu'ils jouiront tour à tour, pendant un an, d'un fonds indivis moyennant un prix fixé à l'avance. L'un d'eux met le fonds hors d'état de produire pendant l'année où son co-propriétaire doit entrer en jouissance. Ce dernier aura deux actions contre lui, l'action *conducti* et l'action *locati*, parce qu'il est tout à la fois preneur et bailleur, mais il n'aura pas l'action *pro socio*, parce que bien que le champ soit resté en commun, les fruits étaient la propriété de l'un ou de l'autre, jamais de tous les deux ensemble, la solution serait identique si le même contrat était intervenu entre deux propriétaires de fonds voisins. (Loi 35, § 1, 19 et 2).

La loi 44 nous dit que si je vous remets une perle pour la vendre de telle sorte que je prélève sur le prix une certaine somme et que l'excédant vous appartienne il y aura société, *si animo contrahendæ societate, id actum sit pro socio esse actionem, si minus, præscriptis verbis.* Il ne faut pas croire que dans cette espèce, il ne pourrait y avoir société parce qu'il n'y a pas bénéfice commun, parce que si le prix de vente ne dépasse pas la somme que le commettant doit prélever, le commissionnaire ne retirera aucun avantage du contrat. Cette objection ne doit pas nous arrêter, car la perle peut se vendre bien au-dessus du prix fixé et dès lors le commissionnaire profitera de l'opération. Or un avantage conditionnel suffit pour que l'on puisse dire que les parties poursuivent des bénéfices communs.

La loi 83 nous fournit encore un autre exemple. Un arbre se trouve sur la limite de deux champs et s'étend partie sur l'un, partie sur l'autre; les deux propriétaires font abattre l'arbre. Chacun d'eux aura dans les débris une part proportionnelle à celle qu'il avait dans l'arbre lorsqu'il était debout. Il y a société.

Observons en terminant qu'on ne doit pas seulement entendre par bénéfices communs les profits que les parties peuvent retirer de telles ou telles affaires, il suffit pour qu'il y ait société que les intéressés poursuivent un but commun et avantageux. Ainsi deux propriétaires voisins mettent en commun une certaine fraction de leur terrain, pour y élever un mur, ou bien ils achètent un champ à frais communs pour se ménager des vues. Il y a lieu à l'action *pro socio* (Loi 52 §13.)

Le but doit être licite. Paul a dit : « *Societas, si dolo malo aut fraudandi causa coita sit, ipso jure nullius momenti sit.* » Si la société a un but utile et que pendant sa durée un des associés ait réalisé des bénéfices frauduleux, la société ne sera pas annulée par le fait de cet associé; mais il ne pourra être contraint à livrer à ses associés, les gains qu'il aura ainsi faits par des moyens déloyaux.

La société contractée dans un but illicite, ne donne pas le droit d'exiger la communication des bénéfices, mais une fois que la communication a été faite, l'associé auteur des bénéfices ne peut plus les réclamer.

Quant aux apports faits en vue d'une société illicite, il faut distinguer si cette société a ou n'a pas déjà fonctionné.

Si les parties n'ayant encore fait que verser leur apport aux mains de l'une d'elles, veulent se désister, et reprendre leurs mises réciproques, nous leur donnerons la *condictio sine causa*, parce que l'argent a été versé en vue d'une société qui n'a pas eu lieu. La loi 5 autorise cette doctrinc. Une femme sur le point d'épouser son oncle, lui paie une dot : le mariage ne se réalise pas. Papinien nous dit : « Que si on peut prétendre qu'il y a *turpis causa* « aussi bien chez la nièce que chez l'oncle et que la « *condictio sine causa* doit en conséquence être refu- « sée parce que *in pari causa melior est causa possidentis*, » on peut répondre avec raison qu'il n'y a pas turpitude, mais absence de cause parce que la dot a été donnée en vue du mariage et non de l'inceste.

DES DIVERSES ESPÈCES DE SOCIÉTÉS.

Le droit romain distingue cinq espèces de sociétés : 1° la société *Universorum bonorum*, 2° la société *Universorum quæ ex quæstu veniunt*, 3° la société *Negotiationis alicujus*, 4° la société *Vectigalium*, 5° la société *Unius rei*.

De la société universorum bonorum.

Cette société comprend tous les biens à venir et présents des contractants. L'inégalité de fortune entre les parties n'est pas un obstacle, car souvent elle se compose par une grande industrie de l'associé moins riche.

Cette société étant formée par le simple consentement des parties, elle devient propriétaire des biens de chaque associé, dès l'instant où ce consentement est donné et par son seul effet.

C'est là une dérogation notable aux principes généraux et qui est toute spéciale à la société universelle. Gaius explique cette dérogation en disant qu'il y a, à défaut de tradition réelle, une tradition tacite, sans doute parce que les associés se constituent mutuellement possesseurs de leurs biens. Quant aux créances, rien n'est changé au droit commun. Le droit romain ne connaît pas la cession proprement dite des créances; quand un créancier veut céder son titre, il doit avoir recours à une fiction en constituant le tiers *procurator in rem suam*. C'est ce qui a lieu entre les associés qui doivent, dit Paul, *actiones in vicem præstare*.

Même pour les objets autres que les créances, la dérogation au droit commun n'a lieu que pour les choses dont les parties sont propriétaires au moment du contrat. Le constitut possessoire, en effet, ne se comprend que pour les biens présents, non pour les biens futurs. Lorsque ces biens entrent dans le patrimoine d'un associé, il est impossible de supposer une tradition tacite puisqu'il n'y a plus de convention pouvant servir de fondement au constitut possessoire. Si donc un associé fait une acquisition dans le cours de la société, les autres ne deviennent co-propriétaires de la chose que lorsqu'il en a transféré la propriété. C'est ce que dit formellement la loi 74. C'est ce que dit aussi la loi 73, pour une succession échue à l'un des associés. Que décider si l'acquisition est faite des deniers communs? Il est de principe qu'on n'acquiert pas la propriété *per extraneam personam*. Or la circonstance que la société a fourni les deniers de l'achat ne me paraît pas une raison suffisante de déroger à ce principe. Je pense donc que, dans ce cas encore, c'est l'associé acquéreur, et non la société, qui devient propriétaire, et que la chose devra être transférée à la société.

L'actif de la société universelle se compose de tous les biens présents et à venir des associés. Ainsi, indépendamment des biens présents, la société comprendra tout ce qu'un de ses membres acquerra par succession, legs, donations ou autrement (loi 3, § 1). La société acquiert même la dot que l'associé a reçue de sa femme ; mais ici différentes hypothèses sont possibles, et nous devons donner quelques développements.

Si l'associé est déjà marié au moment où se forme la société, la dot tombe dans le fonds commun comme tous ses autres biens, par le fait seul du contrat. Si l'associé se marie durant la société, il devra transférer à la société la propriété de la dot.

La dot comprise dans le patrimoine de la société, il y a trois hypothèses à prévoir : le mariage sera dissous avant, avec ou après la société. Le mariage sera dissous avant la société, soit par le divorce, soit par la mort de la femme. En cas de divorce, la dot, quelle qu'en soit l'origine, doit être restituée à la femme, *sui juris*, ou à l'ascendant dont elle dépend (Ulpien, 6, reg. 6). En cas de prédécès de la femme, on distingue l'origine de sa dot. La dot profectice, c'est-à-dire venant d'un ascendant paternel, doit être restituée au donateur s'il survit, sous déduction d'un cinquième par enfant. La dot adventice, c'est-à-dire constituée par toute autre personne, reste au mari, à moins que le retour n'ait été stipulé expressément par le donateur ou même consenti par un simple pacte, depuis Justinien.

La dot que le mari va être ainsi obligé de restituer sera enlevée à la société, mais la société la conserve jusqu'au terme fixé pour la restitution, et elle en aura la jouissance dans l'intervalle (loi 65, § 16). Le mari, en effet, n'est pas forcé de rendre toute la dot immédiatement. Avant Justinien, il devait rendre sans délai les corps certains, mais il avait la faculté de ne payer qu'en trois ans et par tiers les autres valeurs composant la dot. Depuis Justinien, les immeubles doivent être restitués sur le champ, et le reste de la dot au bout d'une année.

Le mariage et la société seront dissous en même temps par la mort du mari. Dans ce cas, comme en cas de divorce, la dot tout entière, quelle qu'en soit l'origine, devra être restituée.

Enfin, nous pouvons supposer que la société est dissoute avant le mariage. Dans ce cas, la dot est prélevée par le mari. La dot, en effet, n'est entrée dans la société que *cum suâ causâ*, c'est-à-dire avec la charge de subvenir aux besoins des époux; elle doit donc rester entre les mains de celui qui *onera sustinet* (loi 65, § 16).

On voit combien est étendu le droit de la société sur les biens des associés. Ce droit cependant ne s'étend pas aux gains qu'un associé a pu faire par des moyens illicites. Et la raison donnée par Ulpien est que *delictorum turpis atque fœda communio est*. Il y a encore une autre raison aussi bonne, si non meilleure que celle-là, c'est que l'associé n'est pas propriétaire de ce qu'il a acquis par des voies honteuses. La société n'a donc aucun droit sur des biens mal acquis. Mais s'ils ont été versés dans la caisse commune, ils se partagent entre les parties, et l'associé coupable ne sera pas admis à les prélever en alléguant leur origine, par ceque *nemo auditur propriam turpitudinem allegans*.

Il ne sera admis à exercer cette répétition que s'il a été condamné comme voleur. (Loi 54.)

Nous avons examiné de quoi était composé l'actif de la société universelle, nous allons maintenant étudier les éléments du passif. Il se compose des dettes de chaque associé, puisque *bona non nisi deducto œre alieno intelliguntur*.

Il se compose aussi des dettes des successions échues pendant la société et des charges des biens acquis par donation, testament ou autrement. La société supporte les dépenses faites dans l'intérêt commun et les dépenses nécessaires à l'entretien de chaque associé et de sa famille.

Pothier soutient que la dot que constitue un associé à sa fille est à la charge de la société. Son argument est que la constitution de dot est une dépense nécessaire. Toutefois cette décision a été contestée car elle ne s'appuie pas sur un texte formel. La discussion porte sur la loi 81.

« Un associé a promis une dot au mari de sa fille : avant de l'avoir payée, il meurt, sa fille est son héritière. Celle-ci agit contre son mari (il faut supposer un divorce) pour se faire restituer sa dot, et elle est libérée par une acceptilation. » La dot n'ayant pas été payée, la femme héritière de son père en est débitrice envers son mari ; car elle ne pouvait pas demander la restitution de ce qui n'avait pas été payé. Elle obtient donc seulement libération de la promesse faite par son père.

Puis voici ce qui arrive : la femme divorcée veut se remarier. Dans ce cas, elle a droit à la dot qui lui a été promise pour le premier mariage (Loi 81). Or voici la question : « On a demandé si par l'action *pro socio*, dans l'hypothèse ci-dessus, elle pourrait prélever sa dot, *si forte convenisset inter socios ut de communi dos constitueretur* »

Ce sont ces derniers mots qu'invoquent les adversaires de Pothier. Ils en concluent que la dot n'est à la charge de la société que s'il y a une convention expresse à ce sujet.

Mais la plupart des auteurs repoussent cette décision. La dot des filles leur paraît une dépense aussi nécessaire que l'établissement des fils dans les fonctions publiques, établissement qui est incontestablement à la charge de la société universelle. (L. 73, § 1). Si la loi 81 parle d'une convention spéciale, c'est qu'il ne s'agit pas d'une société de tous biens ainsi qu'on le voit dans cette loi elle-même. On suppose en effet, « que le père a payé une dot, puisque sa fille est morte dans le mariage et qu'il a recouvré cette dot. » Le jurisconsulte dit alors que « l'équité lui paraît exiger que cette dot recouvrée par le père tombe dans la société. » Or, le doute ne serait pas possible s'il s'agissait d'une société universelle, il est bien évident qu'alors la société aurait droit à cette dot comme à tous les biens acquis par chaque associé. Si la question est posée, c'est qu'il ne s'agit pas d'une société universelle, mais d'une autre société dans laquelle par une clause spéciale, les associés ont convenu que les dots de leurs filles seraient payées sur le fonds commun.

Dès lors l'objection tirée du texte de la loi 81 est sans valeur, et l'opinion de Pothier plus conforme aux principes doit être adoptée.

Revenons maintenant à la question posée en tête

de la loi 81. Le père qui a promis la dot et ne l'a pas payée est mort, sa fille étant son héritière est tenue de payer la dot à son mari. Le mariage est dissous par un divorce, la femme poursuit son mari en restitution de sa dot et n'obtient que sa libération par acceptilation. Peut-elle, en vue d'un deuxième mariage, demander qu'une dot lui soit constituée aux frais de la société? Papinien dit que si la dot avait été payée, la fille, quoique héritière de son père, la reprenant en son nom propre, ne devait pas la rapporter à la société puisqu'elle ne la rapporterait pas si l'héritier avait été un autre qu'elle, mais que si la dot a été simplement promise et non payée, la femme n'a rien à réclamer à la société. Cette décision ne me paraît pas raisonnable, car il y a bien eu une dot dans ces deux cas, et la circonstance qu'elle n'a pas été payée ne devrait pas profiter à la société et préjudicier à la femme. C'est un fait qui, ce me semble, devrait être sans influence sur les situations respectives des parties.

La loi 59, § Ier, dit que l'argent perdu par un associé au jeu ou dissipé en débauche, ne doit pas être payé par la société. Nous pouvons en conclure que la société reste étrangère aux pertes comme aux gains illicites faits par un de ses membres. Elle ne supporte pas non plus les condamnations pénales qu'il aurait méritées. Mais s'il a été

condamné par erreur ou par injustice, c'est là un mal-
heur dont la société doit supporter les conséquences.

Nous avons dit plus haut que si un associé a mis
le produit de son vol dans la caisse commune, il ne
peut l'y reprendre qu'en cas de condamnation. Si les
associés ignoraient le délit, le coupable seul en sup-
portera la peine ; mais ils la subiront tous si le délit
a été connu d'eux. (Loi 35). Et peu importe en ce cas
que sa condamnation soit arrivée durant la société ou
après la dissolution. (Loi 36).

De la société universorum quæ ex quæstu veniunt.

La société *quæstuum* peut être générale ou spéciale, comprendre tous les gains que les associés
font d'une manière quelconque, ou seulement ceux
qui proviennent d'une industrie déterminée. Dans
ce dernier cas, le contrat est une société *alicujus
negociationis* ; nous examinerons plus tard cette
moralité de la société ; nous nous occupons maintenant de la société universelle de gains, c'est elle
qui est présumée exister toutes les fois que les
associés ne se sont pas expliqués sur la portée pré-
cise de leur convention.

Chacun des associés reste propriétaire de tous ses
biens, il n'apporte à la masse que ses gains, *quæstus.*

Par là, il faut entendre les bénéfices résultant du

travail et de l'industrie : « *Quæstus enim intellegitur qui ex opera cujusque descendit.* » (L. 8, Dig. pro socio). Peu importe que l'on se soit servi des mots *quæstus, lucrum, compendium* ensemble ou séparément, l'objet de la société et la composition de son actif sont toujours les mêmes, car tous ces mots sont synonymes.

Le mot *quæstus* ne désigne pas seulement les bénéfices qu'un associé peut tirer d'un contrat à titre onéreux ou de louage par exemple, il comprend encore les fruits que l'associé obtient par son travail des biens dont il est propriétaire. Il comprend même la solde militaire (Loi 52), les hérédités, les legs, les donations entre vifs ou à cause de mort restent propres à l'associé, héritier légataire ou donataire (Loi 9 à 11 et 71).

La société *quæstuum* n'acquiert pas les gains illicites, il faut appliquer ici et généralement dans toute société ce que nous avons dit à cet égard pour la société universelle.

Quant au passif de la société qui nous occupe la règle est très-simple, il se compose de toutes les charges corrélatives aux opérations d'où résultent les droits communs (L. 12), et des frais d'entretien des associés et de leurs familles ; ces frais sont pris habituellement sur les profits que la société acquiert et dès lors ils doivent être supportés par elle.

De la société unius rei.

La société *unius rei* et la société *alicujus negotiationis* sont de beaucoup les plus fréquentes ; leur objet restreint les fait préférer naturellement aux associations qui comprennent tout le patrimoine ou tous les *quæstus* des associés.

La société *unius rei* se compose d'un ou de plusieurs objets que les partis mettent en commun pour en tirer bénéfice, tous les autres biens sont exclus de l'association.

Réciproquement, le passif ne comprend d'autres charges que celles qui résultent de l'exploitation de la chose mise en commun.

Le titre *pro socio* nous fournit plusieurs exemples de cette société particulière. Nous citerons la société qui a pour but la vente d'un quadrige formé de la réunion de chevaux appartenant à deux personnes (L. 58). Celle qui s'établit entre deux frères relativement à l'hérédité de leur frère, celle enfin dans laquelle les parties conviennent de faire entrer toute *justa hæreditas* qui serait acquise à l'une d'elles.

En ce qui touche cette dernière société, il faut entendre dans un sens restrictif les mots *justa hæreditas* qui s'applique seulement à l'hérédité *ab intestat* (L. 3, § 2 pro socio).

De la société alicujus negociationis.

C'est la société formée pour un genre d'affaires déterminé, par exemple pour l'achat et la vente d'une certaine nature de marchandises. Les biens que chacun doit mettre en société ne deviennent communs que du moment où l'apport a été fait réellement. Jusque-là ils appartiennent à l'associé et sont à ses risques. L'apport réalisé, ils sont aux risques de la société.

L'actif de cette société se compose des apports convenus et des profits résultant des opérations communes. Les bénéfices que l'un des associés fait dans une opération séparée lui restent propres (loi 52).

Le passif se compose des dettes contractées pour les opérations sociales.

De la société vectigalium.

Ce n'est qu'un cas particulier de la société *negociationis alicujus*.

Si les auteurs en traitent dans un article spécial, comme formant une société à part, c'est que la mort des associés n'a pas ici les effets ordinaires. La société *vectigalium* est à ce point de vue, dans une situation tout à fait exceptionnelle.

OBLIGATIONS DES ASSOCIÉS ENVERS LA SOCIÉTÉ.

La première chose qu'un associé doit à la société, c'est l'apport qu'il a promis de faire.

Un apport de chaque associé étant nécessaire, si l'un des associés ne peut pas réaliser son apport, il n'y a pas de société.

Si un associé ne réalise pas son apport, les autres peuvent le contraindre à le faire par l'action *pro socio.* S'il s'est mis, par son dol ou par sa faute, dans l'impuissance d'exécuter son obligation, les associés toujours par l'action *pro socio,* lui demanderont des dommages-intérêts.

Si l'apport est d'un corps certain, les situations respectives de l'associé débiteur et de la société créancière, sont celles de vendeur et d'acheteur sauf le cas de société universelle, la propriété n'est pas transférée par le seul consentement, mais par les modes ordinaires de translation. Si la chose périt par cas fortuit les risques sont pour la société, si le contrat est pur et simple. S'il est conditionnel, les risques sont pour la société en cas de perte partielle, et pour le débiteur en cas de perte totale.

Quoique un associé ait apporté à la société les choses qu'il avait promis d'y apporter, si depuis, la société en a été évincée, il est tenu de la garantir, comme le serait un vendeur.

Mais dans les sociétés universelles de tous biens, il n'y a pas lieu à la garantie en cas d'éviction de quelqu'un des héritages dont l'un des héritiers était possesseur lors du contrat de société ; car dans ces sociétés c'est l'universalité de ses biens et non un héritage déterminé que chaque associé s'oblige d'apporter à la société.

L'associé est débiteur des fruits de la chose dont il a promis de faire jouir la société, mais tant qu'il n'a pas été mis en demeure, il ne doit pas les fruits. Après qu'il a été mis en demeure, il est tenu même de ceux qu'il n'a pas perçus, et que la société eut pu percevoir : car c'est un effet de la demeure d'obliger le débiteur à indemniser son créancier de tout ce que le créancier a souffert de la demeure.

Lorsque l'apport consiste non pas en objets déterminés mais en une quantité, les risques sont pour le débiteur. Il n'est pas libéré par la perte par cas fortuit, car *genus nunquam perit*.

L'apport peut aussi consister en créances ou bien dans l'usufruit d'un bien. Alors l'apport se réalise par les modes ordinaires de translation des créances ou de constatation de l'usufruit.

Il ne faut pas confondre avec l'apport en usufruit, le cas où un associé s'est engagé à faire jouir la société d'une certaine chose. Alors, l'obligation de l'associé est analogue non plus à celle du vendeur, mais à celle du bailleur. C'est là en effet un apport successif.

Enfin nous savons que l'apport peut consister dans l'industrie d'un associé. Dans ce cas encore, l'apport est successif; ce qui est à considérer pour le partage. En effet, quand la prestation d'un apport successif vient à être interrompue avant le terme fixé pour la dissolution de la société, cet apport n'a été réalisé qu'en partie. La part de bénéfices correspondante à cet apport incomplet sera donc réduite dans la même proportion.

Chacun des associés est débiteur envers la société de tout ce qu'il a tiré du fonds commun.

Ainsi, si un associé a pris de l'argent dans la caisse commune pour une affaire personnelle, par exemple pour faire une acquisition, il doit rapporter cet argent à la société.

Chaque associé est débiteur envers la société des gains qu'il a faits par son industrie. Il s'agit ici de la société universelle.

Lorsqu'un associé a prêté à intérêt de l'argent de la société, doit-il compte de ses intérêts à ses associés?

Remarquons d'abord que s'il s'agit d'une société de tous biens, le partage doit se faire en tous cas. Car alors toute acquisition est commune.

En supposant une société différente, Paul dit qu'il faut distinguer, si l'argent a été prêté au nom de la société, les intérêts sont dûs à la société. Mais si le prêt a été fait au nom d'un associé tous les intérêts seront pour lui seul. (Loi 67, § 1).

Cette décision soulève une première difficulté; l'argent prêté n'étant pas en entier celui du prêteur, il semble que le *mutuum* n'existe que pour sa part. Il faut supposer que l'argent a été consommé de bonne foi par l'emprunteur, alors le *mutuum* existe pour la totalité.

Voici une seconde difficulté. Nous avons vu déjà que l'associé qui a employé à son usage personnel des fonds de la société est débiteur des intérêts *omnimodo, etiam mora non interveniente*. Or, prêter en son nom les fonds sociaux n'est-ce pas les employer à son usage personnel ?

Dès lors comment dire que l'associé prêteur gardera les intérêts qui lui sont payés ?

Quoi que l'on puisse penser à ce sujet, il faut accepter la décision de la loi romaine et le sens n'en est pas douteux. Pothier en donne une explication qui paraît exacte : aux yeux des jurisconsultes romains prêter à intérêts l'argent d'autrui et employer l'argent d'autrui à son usage personnel sont deux choses bien différentes. La différence consiste en ce que dans le premier cas, celui qui se sert du bien d'autrui court des risques tandis qu'il n'en court aucun dans le second. Or, disent les auteurs romains *ubi onus, ibi emolumentum esse debet* Les intérêts de l'argent prêté sont la compensation des risques courus par l'associé prêteur.

Nous savons que l'associé débiteur de la société doit les intérêts de sa dette, soit s'il y a *mora* soit s'il a employé les fonds spéciaux à son usage. Or la loi 60 de notre article semble contredire ces principes en exigeant dans un cas spécial la réunion de ces deux faits *mora et versio in usum*, pour que l'associé devienne débiteur des intérêts.

Voici une première explication. Il ne s'agit pas dans la loi 60 d'un associé qui, débiteur des fonds sociaux, se trouve mis en demeure, ou qui a employé ces fonds à son usage. Il s'agit de bénéfices que l'associé a fait avec les fonds communs, *in eo quod ex societate lucri faceret.* Ces bénéfices, l'associé doit sans doute les partager avec ses associés, mais, jusqu'au partage, ils sont sa propriété. La situation est donc plus favorable que s'il s'agissait des fonds sociaux. En conséquence, il faudrait la réunion de deux conditions, demeure et emploi personnel, pour que les intérêts soient dus.

Cette explication ne me paraît pas satisfaisante. Peu importe que l'associé soit propriétaire des écus dont il est débiteur. C'est sa situation ordinaire. Le locataire qui doit son loyer, l'emprunteur qui doit rendre l'argent qu'on lui a prêté sont propriétaires des écus qu'ils ont à payer, et cependant ils doivent les intérêts s'ils se laissent mettre en demeure.

Voici une interprétation qui me semble préférable.

Lorsqu'il y a demeure ou *versio in usum*, la dette comprend le capital et les intérêts, mais lorsque ces deux circonstances se trouvent réunies, alors sa dette peut être plus considérable : ce ne sont pas seulement les intérêts qui seront dus, ce sera la réparation de tout préjudice causé à la société. Tel est sans doute le sens de ces mots : *sed non quasi usuras sed quod socii intersit moram eum non adhibuisse.* Cette interprétation a en outre l'avantage de se concilier parfaitement avec la dernière phrase de la loi 60. L'héritier de l'associé décédé sera traité plus favorablement, dit cette loi. C'est donc que l'associé lui-même est tenu rigoureusement; et cette rigueur, nous la trouvons dans l'obligation de payer plus que le capital et les intérêts réunis.

Si un associé est tenu de rapporter à la masse tous les gains provenant de la société, il n'est pas tenu d'y rapporter les gains dont la société n'a été que la cause occasionnelle. (L. 60 § 1).

Quelle est l'étendue de la responsabilité de l'associé ?

Un associé est responsable du tort qu'il a causé par son dol.

Par contre, nul ne répond des accidents arrivés par cas fortuits ou force majeure.

Enfin, un dommage peut être causé par la faute d'une personne. Les interprètes distinguent deux espèces de fautes : 1° la faute grave, tellement voisine du dol, qu'elle lui est assimilée ; 2° la faute légère. Cette dernière, qui est la faute proprement dite, s'apprécie tantôt dans un sens absolu *in abstracto*, sans tenir compte des habitudes de celui auquel on l'impute. Tantôt dans un sens relatif *in concreto* en tenant compte au contraire de ces habitudes.

L'associé n'est tenu que de sa faute *in concreto*, c'est-à-dire qu'il ne doit aux affaires de la société que le même soin qu'il donnerait à ses affaires personnelles. C'est une responsabilité plus douce que le droit commun. En voici les motifs : d'abord *qui parum diligentem socium sibi adsumpsit, de se queri debet ;* ensuite l'associé qui s'occupe des affaires sociales ne fait que ce qu'il doit, on ne peut donc pas être rigoureux envers lui, comme envers celui qui se mêle d'une affaire qui ne le regarde pas, et enfin, la communauté d'intérêts qui existe entre les parties est une garantie suffisante de leur diligence.

La responsabilité de l'associé peut être augmentée par la convention, par exemple, s'il a promis *custodiam*. Il répond alors des cas fortuits, excepté de ceux qu'il est impossible de prévenir.

Terminons en disant qu'un associé ne peut pas pour se dispenser de faire raison à la société du dommage qu'il lui a causé par sa faute dans quelque affaire, lui opposer la compensation des profits beaucoup plus considérables qu'il a procurés par son industrie à la société dans d'autres affaires, (Lois 25 et 26). La raison est que cet associé devant à la société son industrie; n'a fait que s'acquitter envers elle de ce qu'il lui devait en lui apportant des profits qu'elle a retirés de son industrie.

DROITS DES ASSOCIÉS SUR LA CHOSE COMMUNE.

Si à l'époque ou la constitution de la société, la gestion des affaires sociales a été confiée à des mandataires, ceux-ci devront régler leur administration d'après l'acte constitutif de leurs droits, ou, à son défaut, d'après les principes du mandat et les associés non mandataires devront s'abstenir de toute opération dont d'autres auraient été chargés. Les règles que nous donnerons ne seront donc applicables qu'au cas où il n'y aurait pas de mandat.

1° L'associé peut jouir de la chose commune

pourvu qu'il ne mette pas obstacle à l'usage des autres. (Loi 52, § 13).

2° L'associé ne peut innover, même pour réparer, sans le consentement de son associé. Mais il doit être indemnisé des obligations qu'il a légalement contractées dans l'intérêt de la société.

L'opposition d'un seul suffit pour paralyser la volonté de tous les autres : « *in re enim pari potiorem causam esse prohibendis constat* » (Loi 28, comm. divid.)

L'associé qui dépasse ses droits est donc toujours tenu de réparer d'une manière ou d'une autre, le tort qu'il a fait à la société. Réciproquement il peut lui réclamer indemnité pour toutes les dépenses qu'il a faites et toutes les pertes qu'il a subies dans son intérêt, pourvu toutefois qu'il n'ait rien à se reprocher. Ainsi, un associé cherche à arrêter dans leur fuite des esclaves communs et est blessé, la société devra-t-elle supporter les frais de médecin. Non, dit Labéon, il y a « *impensa propter societatem, non in societatem,* » et la société qui ne profite pas des bénéfices, legs, hérédités dont elle est la cause occasionnelle, ne doit pas payer les frais. (L. 60).

Mais Julien dont l'opinion était partagée par Ulpien (Loi 21) pense que les frais seront à la charge de la société. En effet, si un tiers chargé de la garde de ces esclaves était frappé en remplissant sa mission, personne ne lui refuserait une indemnité. Pourquoi se montrer plus rigoureux envers un associé qui a rempli un mandat tacite?

Est-ce que la mission d'associé ne le rendait pas plutôt privilégié, comme on peut s'en convaincre en lisant la loi 52, § 10? Nous y voyons qu'un sénatus-consulte, rendu sous Marc-Aurèle, donne à l'associé qui a réparé dans une maison commune la part de ses co-associés, a le droit de réclamer, dans les quatre mois, le capital et les intérêts de ses dépenses, ou de les exproprier dans le même délai, sans préjudice de l'action *pro socio*, s'il le préfère. Que si au bout de quatre mois l'associé-créancier n'a pas opté pour le paiement, il se trouve *ipso jure* propriétaire des parts de ses débiteurs.

3° L'associé ne peut aliéner au-delà de sa part indivise (L. 68) ni apporter par ses aliénations aucun changement dans ses rapports avec ses co-associés; de telle sorte que si la société a été constituée pour un temps déterminé, l'acquéreur ne pourra demander le partage avant le temps prescrit (L. 16, § 1).

Cependant Justinien a décidé que, par exception à ce principe, le maître qui voudrait donner la liberté à un esclave commun pourrait toujours forcer ses co-propriétaires à lui céder leur part, moyennant une indemnité qu'il prend soin de fixer dans une constitution (Code L. 1).

4° Comme le contrat de société est basé sur les rapports de confiance qui existent entre les associés, nul ne peut être contraint à subir un co-associé qu'il ne voudrait pas agréer. Ainsi le tiers avec lequel un des *socii* a formé une société est bien l'associé de celui avec lequel il a contracté, mais non celui des autres (loi 19). Cette personne que s'est jointe un associé s'appelle un *croupier*.

Les bénéfices réalisés par le croupier devront être communiqués par lui à celui qui l'a choisi, et par celui-ci à ses autres co-associés (loi 21), lesquels devront réciproquement communiquer leurs bénéfices à celui qui a choisi le croupier, et par ce dernier au croupier lui-même.

DES ACTIONS QUI NAISSENT DU CONTRAT DE SOCIÉTÉ.

L'action *pro socio* qui garantit l'exécution du contrat appartient à chacun des associés et, après la mort de l'un d'eux, elle est donnée à son héritier. De même, elle peut être intentée contre chacun des associés ou contre son héritier (L. 63, § 8). Si elle est exercée contre l'héritier, elle cesse d'être infâmante, et d'un autre côté l'héritier ne peut invoquer contre son auteur le bénéfice de compétence. Enfin, quand la société a été contractée par une personne *alieni juris,* par un esclave d'après l'ordre de son maître, ou par un fils de famille d'après l'ordre de son père, l'action est donnée contre le maître ou contre le père. Il y a une distinction à faire dans ce cas : le fils de famille peut être obligé civilement, tandis que l'esclave ne peut l'être que naturellement. Le premier est donc soumis à l'action *pro socio* en même temps que son père, tandis que l'autre oblige son maître sans s'obliger lui-même.

Le but de l'action *pro socio* est d'obtenir l'exécution des diverses obligations dont les associés sont tenus les uns envers les autres; c'est par elle que l'associé sera forcé de rendre compte, de partager les bénéfices qu'il a tirés *ex societate,* de réparer le préjudice causé par son dol ou par sa faute, de rembourser sa part des dépenses que son co-associé à faites dans l'intérêt commun (L. 52). Bien plus, l'action *pro socio* peut être intentée même pour faire prononcer la dissolution de la société et pour en demander la liquidation. Mais, dans tous les cas, pour qu'il y ait lieu à cette action, il faut que les prestations personnelles qui en sont l'objet aient leur source *dans le contrat.* Lorsqu'il s'agit d'opérations postérieures à la dissolution de la société et résultant de l'indivision qui en est la suite, il faut recourir à l'action *communi dividundo.*

L'action *communi dividundo* a plus d'un point

commun avec l'action *pro socio*. Toutes deux sont ouvertes pour obtenir les prestations personnelles qui ont trait aux choses indivises entre les associés. Par exemple, on peut recourir à l'une ou à l'autre indifféremment pour forcer les associés à contribuer aux dépenses faites sur ces choses, pour obtenir la réparation du dommage causé à un bien commun, ou la répartition des fruits perçus par un associé, etc. Dans ces divers cas, l'associé-créancier a choix entre les deux actions ; mais lorsqu'il a choisi l'une, il ne peut plus agir avec l'autre.

Si ces deux actions ont plusieurs points de ressemblance, elles diffèrent aussi dans plusieurs cas :

1° L'action *pro socio* ne peut aboutir au partage du fonds social ; ce partage s'opère au moyen de l'action *communi dividundo*, action mixte dans laquelle le juge a le pouvoir de transférer la propriété.

2° La créance acquise à l'un des associés *nomine societatis* n'étant pas indivise, c'est par l'action *pro socio* seulement que les autres peuvent en obtenir la cession. Cela résulte d'un texte dans lequel Ulpien dit qu'après avoir intenté l'action *communi dividundo*, on peut encore agir *pro socio* (L. 43) ;

3° L'action *communi dividundo* s'applique à tous les cas d'indivision, tandis que l'action *pro socio* suppose nécessairement un contrat de société ;

4° L'action *pro socio* est infamante en cas de dol,

à cause des rapports de fraternité qui existent entre les associés. Elle admet, comme nous le verrons bientôt, dans certains cas le bénéfice de compétence. Rien de semblable n'existe en ce qui touche l'action *communi dividundo*.

L'action *pro socio* peut concourir aussi avec l'action *ex stipulatu* avec l'action *venditi* ou avec la *condictio ex lege*.

L'associé qui a volé une chose commune peut-être poursuivi soit par l'action *pro socio* soit par sa *condictio furtiva*; mais ces deux actions sont *res persecutoriæ*, l'exercice de l'une entraîne en général l'extinction de l'autre. Cependant comme on n'obtient par la *condictio furtiva* que la valeur actuelle de la chose, l'action *pro socio* pourrait encore être intentée si cette valeur obtenue par la *condictio* était inférieure au préjudice résultant du vol (L. 47).

Outre l'action *pro socio* et *la condictio furtiva* qui tendent à la réparation du préjudice causé, l'associé victime du vol a l'action *furti*; cette action et en général toutes les actions pénales bilatérales peuvent être cumulées avec l'action *pro socio* (L. 45).

L'action *pro socio* présente, nous l'avons déjà dit, des particularités remarquables. Grâce au lien de fraternité qui existe entre les membres, la société est un contrat de bonne foi par excellence; les obligations qu'elle engendre doivent être appréciées *ex æquo et bono*.

De là, le caractère infamant de l'action *pro socio* lorsqu'elle aboutit à la condamnation d'un associé qui s'est rendu coupable de dol.

De plus et par suite de cette idée de fraternité, les rapports des associés doivent être dominés par une certaine bienveillance « *res inter socios non sunt amare tractandæ.* » C'est pourquoi tandis que d'ordinaire le débiteur est condamné à payer la totalité de sa dette, l'associé jouit du privilége de n'être condamné le plus souvent que *quatenus facere potest.* Ce bénéfice connu sous le nom de *bénéfice de compétence* n'est accordé que dans un très-petit nombre de cas, et il suppose toujours que les rapports du créancier et du débiteur sont tels que le créancier ne peut, raisonnablement en exerçant ses droits dans leur étendue, exposer le débiteur à une contrainte personnelle.

D'après la loi 63 (pro. soc.), le bénéfice de compétence est très-général ; en effet Ulpien suivant en cela l'avis de Sabinus, l'accorde aux associés *unius rei* aussi bien qu'aux associés *universorum bonorum* (L. 16, § 19).

Comment concilier ces deux textes ? Faut-il dire avec Pothier que la véritable opinion d'Ulpien se trouve dans la loi 16 et que la doctrine exposée dans cette loi est celle à laquelle le jurisconsulte, après avoir partagé l'avis de Sabinus a cru devoir se rattacher en définitive. Faut-il au contraire admettre que la loi 16 ordonne simplement à titre de renseignement l'interprétation primitive de l'édit du préteur, interprétation qu'Ulpien à la suite de Sabinus avait élargie en étendant le bénéfice de compétence à tous les associés? Ces systèmes nous paraissent également arbitraires et nous préférons celui que propose M. Machelard dans son traité des obligations naturelles (page 508, note 1).

Le bénéfice dont il s'agit n'étant accordé qu'après une *causæ cognitio*, M. Machelard pense que le magistrat examinait le caractère des relations existantes entre les associés, de sorte qu'il accordait toujours le bénéfice de compétence dans la société *omnium bonorum*, à cause du lien évident de fraternité sur lequel elle repose ; au contraire, dans les sociétés particulières les rapports des associés pouvaient être tellement restreints, tellement accidentels que le bénéfice devait être dans certains cas refusé après examen des faits de la cause. Quoiqu'il en soit, le bénéfice de compétence étant une restriction à la condamnation, doit être demandé au moment de la *litis contestatio*. Le magistrat ne l'accorde que *causa cognita*, c'est-à-dire qu'il le refuse si le défendeur a nié sa qualité d'associé, s'il est obligé en vertu d'une *clausula doli* ; enfin dans le système proposé par M. Machelard, si les rapports des parties n'ont pas été assez intimes pour établir ce lien de fraternité, qui est la raison d'être du bénéfice de compétence.

Le bénéfice de compétence est personnel ; il n'est accordé qu'à l'associé lui-même et non à son fidéjusseur ou à son héritier. Quand la société a été contractée par un fils de famille ou un esclave, le père ou le maître ne peuvent l'invoquer (L. 63). C'est la conséquence de l'origine de ce bénéfice ; il n'appartient pas à ceux qui n'ont pas la qualité d'associé qui lui donne naissance. En d'autres termes, le bénéfice de compétence est une exception inhérente à la personne.

Quelles sont les règles à suivre dans le calcul du bénéfice de compétence ? Le juge ne doit pas, pour apprécier la consistance de l'actif, déduire les dettes de l'associé défendeur. Cette déduction serait un nouvel avantage auquel le donateur peut seul prétendre ; elle n'a pas lieu au profit de toutes les autres personnes qui sont condamnées *in id quod facere possunt* ; toutefois on déduit les dettes nées *ex ipsa societate*, parce que tous les associés doivent y contribuer (L. 63).

Comme la déduction des dettes n'a pas lieu au profit de l'associé, il semble que le juge ne doit pas lui accorder non plus la déduction *ne exeat*. Et c'est, en effet, ce que Paul décide en réservant ce privilége spécial au donateur. Cependant la loi 173 (Dig.,

Liv. L. 41, XVII), empruntée au même jurisconsulte, généralise ce privilége et l'accorde à tous ceux qui peuvent invoquer le bénéfice de compétence. Evidemment ce dernier a dû être remanié, et il l'a été maladroitement ; la déduction *ne exeat* se comprend pour le donateur dont l'actif est compté, *deducto ære alieno ;* elle est, au contraire, inefficace pour l'associé, puisque ce qu'on lui laissera *ne exeat,* lui sera enlevé par les autres céanciers, contre lesquels il ne peut invoquer le bénéfice de compétence.

C'est au moment où il va prononcer la sentence que le juge apprécie les ressources du *socius ;* c'est à ce moment qu'il se place pour déterminer le chiffre de la condamnation (L. 63, 6). Il doit tenir compte des ressources dont l'associé s'est dépouillé par dol, car il ne serait pas juste que le dol pût être une cause d'atténuation de la sentence (L. 63, § 7).

L'associé qui a invoqué le bénéfice de compétence, ne peut plus être poursuivi, car *non bis in eadem re agere licet.* Pour sauvegarder le droit du demandeur, le juge exigera du défendeur, avant de le condamner *in id quod facere potest* qu'il s'engage à payer le surplus de la dette s'il acquiert de nouvelles ressources ; il suffit du reste que le défendeur s'engage personnellement, et il n'est pas nécessaire que sa promesse soit garantie par un fidéjusseur (L. 63, § 4).

RAPPORT DES ASSOCIÉS AVEC LES TIERS

Nous allons examiner ce qui se passera dès que la société aura commencé à fonctionner. Deux hypothèses peuvent se présenter, ou les associés ont choisi des gérants, ou ils n'en ont pas choisi.

Occupons-nous d'abord du cas où des gérants ont été nommés.

S'ils sont nommés par un pacte joint *in continenti* au pacte principal, l'effet de ce pacte est garanti par l'action *pro socio* (L. 7, § 5, *de Pactis*), et les gérants ainsi nommés ne pourront être destitués, parce que ce serait modifier le contrat de société, et qu'aucun changement ne peut y être fait sans le consentement de tous. L'administrateur peut aussi être nommé après formation du contrat. C'est alors un mandataire révocable selon le droit commun.

Si les pouvoirs des gérants sont déterminés par la convention, c'est cette convention qu'il faut suivre, sinon il faut s'attacher à l'intention des parties, et cette intention est que les gérants fassent tous les actes nécessaires au fonctionnement de la société. Ce sont des mandataires qui auront, en certains cas, le pouvoir d'aliéner. Ainsi, s'il s'agit de l'exploitation d'un fonds de terre, le gérant ne pourra pas aliéner le fonds lui-même, mais il pourra en aliéner les fruits, car telle est l'intention de ceux qui l'ont nommé.

La représentation du mandant par le mandataire n'était pas admise en droit romain, comme elle l'est en droit français.

Ainsi, lorsqu'un mandataire faisait avec des tiers un acte pour son mandant, celui-ci restait complètement étranger à ces tiers. Il ne pouvait profiter de l'acte fait en son nom qu'en agissant contre son mandataire, et réciproquement les tiers ne pouvaient agir que contre le mandataire, sauf le recours de ce dernier contre son mandant.

On voit de suite les inconvénients d'un pareil système, les risques d'insolvabilité auxquels étaient exposés tant le mandant que le mandataire.

Aussi ces principes furent-ils un peu tempérés.

Pour les acquisitions, on admet qu'on pourrait acquérir *per liberam ac extraneam personam* la possession, et par la possession la propriété.

Quant aux obligations, on simplifiait les recours, au moyen de la cession des actions, les mandataires constituaient leur mandataire ou les tiers *procuratores in rem suam*.

La jurisprudence finit par aller plus loin ; elle conçut l'idée de la représentation du mandant par le mandataire. Etendant les effets de l'action institoire, elle accorda aux tiers contre le mandant les actions utiles (*ad exemplum institoriæ actionis*) résultant des opérations faites par eux avec le mandataire (loi 31, *pr. de Negot. gest.*; lois 16 et 19 *pr. de instit. act.*; loi 10, § 5, *Mandat.*) Réciproquement on accorda au mandant lui-même contre les tiers, et, en les qualifiant d'utiles, les actions nées des opérations faites par le mandataire (loi 19, § 25, *de act. empti et venditi*).

L'action institoire s'exerce *in solidum* contre chacun des associés (loi 13, § 2, *de instit. act.*); sans doute il en est de même des actions utiles données *ad exemplum institoriæ actionis.*

Nous venons d'examiner le cas où les associés ont nommé des gérants. Les textes sont assez rares et obscurs sur ce point. On peut en conclure que la nomination d'administrateurs généraux n'était plus dans les habitudes des Romains. On voit plus fréquemment un gérant constitué pour une affaire spéciale. Mais le mode ordinaire de gestion était l'administration en commun par tous les associés.

Nous supposons tous les associés administrateurs en vertu d'un mandat tacite que chacun d'eux a reçu des autres. Il en résulte que nul ne peut faire un acte dès qu'un seul des associés s'y oppose. Alors, en effet, le mandat présumé n'existe plus. Et, en outre, la fortune sociale étant commune à tous les associés, ce serait une usurpation sur la propriété d'autrui, que de disposer d'une partie de cette fortune sans le consentement de tous les propriétaires. C'est pourquoi si l'un des associés, sans le consentement de ses associés, avait envoyé des ouvriers pour faire quelques bâtiments sur un terrain commun, les autres associés seraient bien fondés à l'empêcher (loi 11). Mais après que l'associé a achevé l'ouvrage qu'il a fait sur l'héritage commun, sans en avoir été empêché par ses associés, ils ne peuvent pas l'obliger à le démolir, mais seulement à indemniser la société du tort qu'elle aurait souffert. Si cependant le bâtiment a été construit pendant l'absence d'un des associés et qu'il en résulte un préjudice pour lui, il a le droit de le faire démolir (loi 28, *Comm. divid.*).

S'il s'agit de travaux nécessaires, celui qui voulait les exécuter pourra vaincre la résistance de ses associés, et même leur faire supporter leur part dans les dépenses, au moyen de l'action *communi dividundo* ou de l'interdit *uti possidetis* (loi 12, *Comm. divid.*).

Les associés n'ayant pas nommé de gérant, trois circonstances peuvent se présenter : ou tous les associés agissent, ou un associé seul agit sans mandat, ou enfin un acte a été fait par un esclave commun.

Si tous les associés agissent, les créances et les dettes seront divisées entre eux. Dans les rapports des associés les uns avec les autres, cette division sera proportionnelle aux droits de chacun dans la société. En sera-t-il de même dans les rapport des associés avec les étrangers? La division sera-t-elle encore proportionnelle ou se fera-t-elle par tête? « Il faut, enseigne Pothier, dire lorsqu'ils ne se sont pas expliqués, que la division aura lieu par tête, les créanciers avec qui ils ont contracté n'étant plus obligés de savoir quelle part ils ont chacun dans leur société. » Cette division qui est aussi celle du Code Civil, nous paraît être celle du droit romain, car elle résulte des principes généraux. Telle est la règle du droit commun. Mais il va sans dire que les associés peuvent y déroger en convenant avec les tiers que la division sera proportionnelle, ou même par une clause de solidarité active ou passive. Le principe général de la division par tête recevait une exception pour un cas particulier. Dans une société d'*argentarii*, chaque associé peut être poursuivi *in solidum* et réciproquement, il peut poursuivre *in solidum* les débiteurs de la société.

Si un associé fait un acte seul et sans mandat de ses associés, les tiers ne sont engagés qu'envers cet associé avec lequel ils ont traité. La ratification intervenant après l'acte équivaudrait à un mandat. A défaut de ratification, il pourra y avoir lieu à un recours entre les associés, lequel se poursuivra par l'action *pro socio*.

Ce recours appartiendra à l'associé qui aura fait

des dépenses nécessaires, ou des dépenses utiles sans opposition. A l'inverse si l'associé a stipulé une créance, elle lui sera acquise et ses associés en demanderont le partage par l'action *pro socio*.

Enfin, il est possible que les associés aient contracté par l'intermédiaire d'un esclave commun.

S'il s'agit d'une créance, elle est acquise au maître de l'esclave *pro dominicâ parte*. Cependant l'acquisition ne profiterait qu'à un seul maître, si l'esclave avait stipulé pour lui nominativement, ou s'il avait stipulé par l'ordre d'un seul. Sur ce dernier point, il y avait doute avant **Justinien**, mais Justinien l'a tranché dans le sens que nous indiquons. (Just. 3, 28, § 3.)

Quant aux dettes, le maître à qui profitent les créances de ses esclaves n'est pas tenu des engagements par eux contractés. Mais le droit prétorien est plus équitable et accorde aux créanciers d'un esclave plusieurs actions contre le maître à qui il appartient.

DISSOLUTION DE LA SOCIÉTÉ.

La société peut se dissoudre : *ex personis, ex rebus, ex voluntate, ex actione.* (Loi 63, § 10.)

DISSOLUTION EX PERSONIS.

La société se dissout *ex personis* : 1° par la mort de l'un des associés ; 2° par la *maxima* ou la *media capitis diminutio* de l'un des associés ; 3° par la confiscation de ses biens; 4° s'il tombe dans l'indigence ; 5° quand l'esclave associé est aliéné par son maître.

1° En principe, la mort d'un associé entraîne la dissolution de la société, car les Romains ne connaissent que les sociétés de personnes, un des éléments du contrat venant à disparaître, il était naturel que les autres associés eussent la faculté de se retirer d'une société où ils ne trouvaient plus tout ce qu'ils avaient recherché en y entrant. Au reste, les associés survivants pourront toujours contracter une société nouvelle avec les héritiers de ceux qui seront décédés (Loi 37).

Bien que la société soit rompue par la mort de l'un des associés, les affaires commencées doivent être dirigées le plus avantageusement possible ; quels seront à ce sujet les droits et les devoirs de l'héritier du *socius* prédécédé? Quant à ce qui s'est fait du vivant de son auteur, l'héritier : 1° est responsable de la faute et du dol dont celui-ci s'est rendu coupable. (Loi 36.) Au reste les associés sont tenus envers lui de la manière dont il est obligé envers eux.

« Item dolus et culpa est eo quod ex. ante gesto
« pendet tam ab herede quam heredi prœstandum
« est. » (Loi 65, § 9.) 2° Il a droit de prendre sa
part des bénéfices réalisés pendant la durée de la
société (Loi 65 § 2.)

Quant à ce qui suit la dissolution de la société, la
position de l'héritier est celle d'un communiste. Ainsi
il devra supporter pour sa part les dépenses faites
sur la chose commune et réciproquement, il viendra
prendre une portion de ses produits. (Loi 65. § 9.)
Ces droits, nés depuis la mort de l'un des *socii*, devront être réclamés par l'action *communi dividundo ;* à moins cependant qu'une nouvelle société
n'ait été formée entre l'héritier et les associés survivants.

2° La *media* et la *maxima capitis diminutio* était
une cause de la dissolution de la société. La grande
diminution de tête était encourue par : l'affranchi
ingrat, le majeur de vingt et un ans qui s'était vendu
pour participer au prix, et enfin par celui qui deve-
nait esclave de *la peine.* L'interdiction de l'eau et du
feu entraînait la *media.* Enfin, on ne pouvait deve-
nir *sui juris* ou retomber dans la puissance pater-
nelle sans être *minima capite diminutus*

La société étant dissoute par la *media* et la *maxima capitis diminutio,* de l'un des associés, elle peut
se reconstituer immédiatement si les anciens associés

d'une part et de l'autre le maître qui remplace l'associé frappé de *diminutio maxima* ou l'associé frappé de *media* y consentent. En effet, la société étant un contrat consensuel, il n'est pas nécessaire d'avoir la cité pour la contracter. Après la dissolution de la société, le *capite minutus* est délié des obligations sociales qui sont transmises à ceux qui lui succèdent, au fisc le plus souvent.

La *minima capitis diminutio* ne dissout pas la société. Cependant elle éteint l'action *pro socio* et il fallait demander au prêteur une *restitutio in integrum* pour obtenir le droit de l'exercer à l'avenir. Nous n'avons, il est vrai, aucun texte de notre titre pour appuyer cette opinion ; mais la loi 8 de *Capit minu.* nous dit que la *capitis diminutio* ne laisse subsister que les obligations *quæ naturalem præstationem habere videntur*, qu'ainsi l'action *rei uxoriæ* n'est pas éteinte, *quia in bonum et æquum concepta est*. Cet exemple, cité par le jurisconsulte, nous prouve assez que les actions dont la formule est conçue *in bonum et æquum* échappent seules aux effets de la *capitis diminutio*. Or, l'action *pro socio* est bien de bonne foi, mais elle n'a pas le caractère particulier exigé par le texte.

Sauf cette nécessité de demander une *restitutio in integrum*, rien n'est changé par la *minima capitis diminutio* ; l'ancienne société continue : le fils de famille émancipé, le *socius sui juris* qui se donnent en adrogation restent associé;

3° L'esclave n'ayant pas de capacité qui lui soit propre, ne peut être assuré que *ex personnâ domini.* Aussi la société dont il fait partie se trouve finie par le fait du changement de maître; mais bien entendu elle peut être remplacée par une nouvelle, du chef. du nouveau maître (loi 58, § 3).

Comment régler les droits des maîtres successifs de l'esclave associé? Ulpien nous répond : *Actionem competere tam adversus me (venditorem) quam adversus emptorem ex his causis quæ ante alienationem inciderunt, dandam actionem ex reliquis adversus emptorem, solum.* L'ancien maître sera complètement étranger aux dettes et créances postérieures à l'aliénation. Quant aux dettes antérieures, n'oublions pas ce principe : qu'elles suivent le pécule. Si donc l'esclave a été vendu sans son pécule, le vendeur sera seul tenu de l'*antegestum*; s'il a été vendu avec son pécule, mais pour deux prix distincts, le pécule est représenté, dans le patrimoine du vendeur, par ce prix spécial et est censé en faire encore partie : donc les dettes resteront à la charge du vendeur. Dans ces deux cas, l'action *de peculio* ne pourra s'exercer que pendant une année utile à compter de l'aliénation. Si l'esclave a été vendu avec son pécule, pour un prix unique, ce prix n'est plus considéré que comme la valeur de l'esclave. Le vendeur n'étant pas réputé possesseur du pécule, on rentre dans la réalité, et l'acheteur, le véritable détenteur est seul obligé sur ce pécule (loi 32, 33, 34, *de Pecul*). A l'égard des créances antérieures à l'aliénation, elles appartiennent au vendeur, sauf à l'acheteur à intenter l'action *empti*, pour se faire constituer *procurator in rem suam*, si le pécule était compris dans son acquisition ;

4° L'associé dont tous les biens sont confisqués étant réputé mort, la société doit se dissoudre au moment de la confiscation. (loi 65, § 12).

5° L'indigence de l'un des associés est une cause de dissolution de la société : *item bonis a creditoribus venditis unius socii distrahi societatem Labeo ait.*

Dissolution ex rebus.

La société se dissout *ex rebus* par tout événement qui rend la réalisation du but social impossible, comme la souvenance d'une loi qui prohiberait l'opération pour laquelle la société a été contractée, ou la perte des choses qui servent au but social (loi 63, § 10).

Dissolution ex voluntate.

La société se dissout *ex voluntate* soit par le mutuel assentiment, soit par la renonciation d'un seul des associés.

Que la volonté de toutes les parties qui a pu engendrer la société puisse également y mettre fin, il n'y a rien que de très-naturel. Mais que l'un des associés ait la faculté de renoncer à l'association, cela paraît contraire au principe fondamental des contrats consensuels, à l'impossibilité pour l'une des parties de rompre la convention. Cependant, en considérant la nature du contrat de société, on voit que c'est au fond un mandat réciproque par lequel chaque associé confère à son co-associé l'administration de sa part, et on sait que le mandant a toujours le *jus pœnitendi.* De plus, le but du contrat est d'associer plusieurs forces pour obtenir un grand résultat ; du jour où ces forces ne seraient plus en harmonie, le but serait manqué.

Toutefois, comme la société est essentiellement un contrat de bonne foi, il ne saurait dépendre d'un associé peu loyal de calculer le moment de sa renonciation, de manière à s'approprier exclusivement des bénéfices, sur une part desquels ses associés ont pu légalement compter.

C'est pourquoi la renonciation doit être faite sans fraude. Comme sanction, le *socius*, qui renonce de mauvaise foi, se trouve dans l'obligation de rendre communs les bénéfices qu'il pourra faire, tout en restant seul exposé aux mauvaises chances. Comme exemple de renonciation frauduleuse on peut citer : le cas où un *socius omnium bonornm* institué héritier, renoncerait à la société avant de faire addition. (Loi 68, § 3.)

La renonciation doit être faite en temps opportun. A ce sujet, il faut distinguer si les parties ont fixé ou non l'époque où la société devrait finir.

Si la société a été contractée sans terme exprès, la renonciation pourra toujours avoir lieu, pouvu qu'elle soit faite dans un moment où l'intérêt général des associés n'exige pas la continuation de la société ; si cependant un des *socii* s'était engagé envers un ou plusieurs associés à ne pas renoncer, il encourrait, en se retirant la peine prononcée contre la renonciation intempestive, comme si la retraite nuisait à l'intérêt général. (Loi 65.)

Lorsqu'un terme exprès a été fixé pour la dissolution de la société ou qu'un terme tacite résulte de la nature même de l'opération, la renonciation faite avant ces termes est considérée comme intempestive et entraîne les mêmes conséquences, à moins qu'elle ne se fonde sur des raisons sérieuses. Voilà toute la portée qu'il faut donner à la convention des associés, car ils ne sauraient abdiquer la faculté de se séparer.

Dissolution ex actione.

La société est dissoute *ex actione*, lorsque les obligations primitives des associés se trouvent modifiées par suite d'une stipulation ou d'un *judicium*. (Ulpien, 65 princ.) La loi 71, nous fournit une explication de ce principe. Deux personnes se sont associées pour enseigner la grammaire et partager les bénéfices qui résulteront de cet enseignement. Elles ont réglé les conditions de leur société puis elles ont sanctionné leur convention par une stipulation portant clause pénale pour le cas où elle ne serait pas exécutée. Si l'une d'elle manque à ses obligations et si après l'énoncé des obligations, il a été stipulé en ces termes ; « *Hæc ita dari fieri spondes ? si ea facta non erunt tum vigenti millia dari spondes ?* » Le jurisconsulte décide : « *Futurum fuisse ut si novationis causa id fecissent pro socio agi non possit, sed tota res translata in stipulationem videretur.* »

Il faut se garder de confondre la dissolution de la société *ex judicio* et la dissolution *ex voluntate*. Sans doute l'associé qui intente l'action *pro socio* dans le but de dissoudre la société, fait une renonciation fa-

cile; mais la renonciation qui dérive d'un changement de volonté simplement notifié aux associés
n'éteint pas les obligations ordinaires, tandis que la
litis contestatio de l'action en dissolution, leur en
substitue de nouvelles.

DES SUITES DE LA DISSOLUTION DE LA SOCIÉTÉ.

Par suite de la dissolution tous les contrats que
chacun des associés fera, seront pour son compte
seul à moins qu'ils ne soient une suite nécessaire des
affaires de la société.

Avant de procéder au partage on doit établir de
quoi se compose l'actif ou le passif social. Il faut pour
cela que les associés qui ont des prélèvements à
faire les exercent et qu'on calcule ce qui est dû par
les associés à la société ou par la société aux associés.

L'associé qui a apporté en société la jouissance
d'un corps certain le prélève en nature. S'il a péri
par cas fortuit, il n'a plus aucun droit.

Si l'associé a apporté des choses fongibles pour la
jouissance seulement, il a le droit d'en reprendre de
même valeur et quantité. Il ne peut pas revendiquer

son apport. Mais c'est une créance qui devra être payée avant tout partage. Ainsi l'actif social se composant de 50,000 fr., s'il y a trois associés pour parties égales et que l'un d'eux ait apporté la jouissance de choses estimées 20,000 fr., il prélèvera 20,000 fr. et prendra ensuite son tiers dans les 30,000 restant. Si l'actif social n'était que de 20,000 fr., il prendrait ces 20,000 fr. et il n'y aurait rien à partager. Enfin si l'on suppose que cet apport lui-même n'existe plus en entier, si par exemple il ne reste dans la caisse commune que 14,000 fr., voici ce qui se passera : Un associé est créancier de 20,000 fr., la société n'en possède que 14,000 fr., le résultat final des opérations sociales est donc un passif de 6,000 fr. lequel doit être supporté pour un tiers par chaque associé. L'associé qui est créancier de 20,000 fr. se trouve en même temps débiteur de 2,000 fr. Reste une créance de 18,000 fr., il prendra les 14,000 fr., qui sont dans la caisse et en demandera 2,000 fr. à chacun de ses co-associés.

Les associés et la société peuvent se trouver de diverses manières débiteurs et créanciers les uns envers les autres. On compensera jusqu'à due concurrence, ces différentes dettes et le résultat sera une dette de l'associé ou de la société. Si c'est l'associé qui est débiteur, il versera le montant de sa dette, ou bien il s'acquittera en moins prenant. Si c'est la société qui est débitrice, l'associé prélèvera avant le partage ce qui lui est dû.

La liquidation terminée, il y aura un actif ou un passif à répartir entre les associés.

Le partage se poursuit par l'action *communi dividundo*, laquelle aboutit à une adjudication qu'on n'obtiendrait par une action *pro socio*. (Loi 43.) L'adjudication renfermée dans la formule de l'action *communi dividundo* permet au juge de rendre l'un des associés propriétaire d'un bien sur lequel il n'avait qu'un droit indivis.

Si, outre les choses corporelles, l'actif social comprend des biens incorporels, des créances qui ne sont pas susceptibles d'adjudication, le juge qui a le droit de faire seul ce qui doit conduire au partage peut ou condamner un associé à constituer les autres *procuratores in rem suam*, pour leur part, ou le condamner envers chacun au prorata de sa part, ou enfin attribuer à un seul une créance divisée entre tous (Loi 3. famil. Ercisc.)

S'il y a des dettes ou créances conditionnelles les associés doivent se fournir des cautions les uns aux autres. (Loi 16, *Comm. divid.*)

Enfin, si le résultat de la liquidation est un passif, les dettes de la société étant à la charge de chaque associé en proportion de son droit, il n'y a pas lieu de faire un partage.

La répartition de l'actif ou du passif est réglée ou par convention ou par la loi à défaut de convention.

Supposons d'abord qu'il n'y pas de convention. Dans ce cas Ulpien dit que *si non fuerint partes societati adjectæ æquas eas esse constat.* (Loi 29.) Nous retrouvons la même décision dans Gaius. (Just. 3, 25. § 1).

Quelques clairs que soient ces textes, ils ont cependant divisé les auteurs. Les uns ont vu là une égalité absolue, les autres y ont vu une égalité relative proportionnelle aux apports faits par chaque associé.

Pour nous, nous pensons que l'égalité était absolue. Cela ressort avec évidence des termes mêmes de la loi 29, *partes æquæ.* Ce sont bien des parts égales, selon le sens naturel des mots. Et dans le titre *pro socio*, nous trouvons plusieurs fois ce mot *æquum* employé pour exprimer ces parts égales, par opposition à des parts proportionnelles. Dans la loi 29 on voit un associé qui a fait un apport plus considérable que les autres, stipuler une part proportionnelle à son apport ; à quoi bon cette stipulation si la proportion existait de plein droit? Supposons un associé dont l'apport consiste en industrie. Quelle va être sa part dans la société? Il est impossible de la fixer dans l'opinion que nous combattons.

Rien de plus simple au contraire, avec l'interprétation que nous nous proposons. Sa part se.a égale à celle de ses associés. Enfin, la loi 5, § 1, semble trancher la question, en disant : que la société universelle peut exister entre toute personne, malgré l'inégalité de leurs fortunes, parce que l'industrie du plus pauvre supplée ordinairement à l'insuffisance de son patrimoine. Certes l'inégalité des fortunes ne serait pas une objection, si l'égalité du partage n'était pas absolue. L'égalité proportionnelle est une véritable inégalité qui compense celle des apports et ne la laisse pas apercevoir.

Si les parties ont réglé les parts, par une convention, cette convention devra être suivie. Les associés ont à cet égard une assez grande liberté et sauf certaines restrictions, ils peuvent régler les droits de chacun comme ils l'entendent.

On admet aussi qu'un associé peut avoir une part différente pour le cas de gain ou pour le cas de perte. Toutefois cela ne fut pas admis sans difficulté. Quintus Mucius disait : qu'une telle convention était contre la nature du contrat de société ; Servius Sulpicius, dont l'opinion prévalut, pensait, au contraire, que cette clause était valable pourvu toutefois que l'associé au profit duquel elle était faite, eût, par lui-même, une si grande valeur, que cet avantage n'eût rien d'injuste. Et à cette condition, il permettrait même de convenir qu'un associé aurait part aux bénéfices, mais ne supporterait pas les pertes si la société en éprouvait.

Justinien adopte l'avis de Servius Sulpicius, et il ne paraît même pas exiger, comme le jurisconsulte, que le mérite de l'associé compense ce que la convention peut avoir d'exorbitant.

Observons que la clause en vertu de laquelle un associé aurait part aux bénéfices, sans supporter les pertes, ne doit pas s'entendre en ce sens que l'associé partage tous les gains de la société sans payer aucune dette ; elle signifie seulement que, toute compensation faite, si la société a réalisé des bénéfices, l'associé en prendra sa part ; que si, au contraire, elle a fait de mauvaises affaires, il y restera étranger (Gaius, 3. § 149 ; Just., 3, 25, § 2.)

On ne pouvait stipuler qu'un associé subirait les pertes et serait exclu des bénéfices. C'est la société *léonine* (loi 29, § 2). Une société faite dans ces condition est nulle, parce qu'elle est profondément injuste.

On ne pouvait pas non plus convenir qu'un associé aurait dans le passif une part différente de celle qu'il prendrait dans l'actif. Une telle société était encore nulle (loi 30), comme contraire aux règles du contrat et incompatible avec les principes généraux d'après lesquels *bona non dicuntur nisi deducto œre alieno.*

Les associés au lieu de fixer eux-mêmes leurs

droits respectifs, peuvent convenir que la part de chacun d'eux sera déterminée par un tiers ou même par l'un d'eux (lois 76 et 6).

Dans ce cas la société est contractée sous une condition suspensive et si l'arbitre meurt avant d'avoir fixé les parts, ou si, pour une raison quelconque, il ne peut ou ne veut les fixer, il n'y aura pas de société (loi 75).

L'arbitre choisi n'a pas le droit de fixer ces parts en ne consultant que son caprice ; il doit se conformer à l'égalité, agir comme un *vir bonus* (loi 76). Le *boni viri arbitrium* consiste à attribuer à chacun une part proportionnelle à l'apport qu'il a fait, soit en choses corporelles, soit en industrie (lois 76 et 80).

Si la décision de l'arbitre est manifestement contraire à l'équité, elle sera attaquée et réformée par l'action *pro socio* (loi 79).

Le partage terminé, la communauté qui existait entre les associés, depuis la fin de la société, se trouve dissoute.

Quant à la nature du partage, elle n'est pas la même en droit romain qu'en droit français. « Par le droit romain, dit Pothier, le partage était une espèce d'échange, *divisio instar permutationis obtinet* ; chacun des co-partageants était censé acquérir de ses co-partageants les parts qu'ils avaient, avant le partage, dans les effets compris dans son lot, et leur céder à la place celle qu'il avait avant le partage dans les effets compris dans le leur.

« C'est pourquoi les choses échues au lot de l'un des co-partageants demeuraient sujettes aux hypothèques des créanciers de ses co-partageants, pour la part qu'y avaient eue les co-partageants avant le partage. (Société, ch. IX, art. 2, § 4).

Chaque associé doit avoir la part que lui attribue la loi ou la convention. Si la part d'un associé se trouve entamée, soit par une éviction, soit par l'obligation d'acquitter une dette, il a recours contre ses co-associés. (Lois 27, 28, 67).

TABLE DES MATIÈRES

DROIT COMMERCIAL.

DES SOCIÉTÉS ANONYMES.

DROIT ROMAIN.

ORLÉANS. — IMP. ERNEST COLAS

POSITIONS

DROIT ROMAIN

I. — La société pouvait être contractée sous condition.

II. — Dans la société *universorum bonorum*, la constitution de dot qu'un associé fait à sa fille est à la charge de la société.

III. — Pour que l'associé soit débiteur envers la société d'intérêts, il n'est pas nécessaire qu'il y ait réunion de ces deux faits : *mora et versio in usum*.

IV. — Lorsqu'un associé est blessé en voulant arrêter dans leur fuite des esclaves communs, c'est la société qui doit supporter les frais de maladie.

V. — Le bénéfice de compétence s'applique aux associés d'une société *unius rei*, aussi bien qu'aux associés d'une société *universorum bonorum*.

VI. — En cas de silence sur les conditions du partage, les bénéfices sont répartis également entre tous les associés.

CODE DE COMMERCE.

I. — Le minimum du taux d'émission des actions ne s'applique pas aux actions de jouissance.

II. — La conversion des actions en actions au porteur ne libère pas indistinctement au bout de deux ans, tous les souscripteurs, mais seulement ceux qui ont aliéné leurs actions.

III. — La nullité d'une société irrégulièrement formée n'est pas susceptible d'être couverte par la prescription.

IV. — Les administrateurs sont responsables seulement du dommage causé et n'encourent pas une responsabilité exceptionnelle s'étendant à tout le passif social.

V. — Tous les membres du conseil d'administration sont indistinctement responsables.

VI. — Les membres du conseil de surveillance sont responsables solidairement.

VII. — La faillite de la société n'est pas une cause de dissolution.

VIII. — Le liquidateur peut négocier les effets en portefeuille.

IX. — La prescription inscrite dans l'article 64 du Code de Commerce ne s'applique-t-elle qu'aux associés non liquidateurs ou bien à tous les associés indistinctement? Il faut distinguer.

CODE CIVIL.

I. — La dot mobilière est inaliénable.

II. — Les constructions faites par un usufruitier sont régies non point par l'article 599, mais par l'article 555.

III. — La séparation des patrimoines ne constitue pas un véritable privilége.

PROCÉDURE CIVILE.

I. Les jugements rendus à l'étranger contre les Français sont soumis, même quant au fond, à l'examen des tribunaux français.

II. - L'adjudicataire sur saisie immobilière, s'il est évincé, ne peut recourir en garantie ni contre le créancier poursuivant, ni contre le saisi.

DROIT CRIMINEL.

I. — Le complice d'un suicide n'est pas punissable.

II. — Le mari qui a dénoncé l'adultère de sa femme peut arrêter l'action publique en se désistant de sa plainte.

DROIT ADMINISTRATIF.

I. — Les fabriques peuvent recevoir des libéralités, à la charge d'en distribuer le produit aux pauvres ou d'entretenir des écoles.

II. — Le préfet n'a que le pouvoir de constater les limites naturelles des dépendances du domaine public.

III. - Les cours d'eau non navigables ni flottables sont *res nullius*, ils n'appartiennent à personne et l'usage en est commun à tous.

Vu par le Président de la Thèse,
F. ARTHUYS.

Vu par le Doyen,
TH. DUCROCQ.

Permis d'imprimer :
Poitiers, le 12 janvier 1881,
Le Recteur,
CHAIGNET.